# JLPT 급소공략

급소만을 집중 공략한
JLPT(일본어능력시험) 완벽 대비서

## N3 독해

다락원

# JLPT
## 급소공략 N3 독해 <2nd EDITION>

**지은이** 권영부, 石川喜一
**펴낸이** 정규도
**펴낸곳** (주)다락원

**초판 1쇄 발행** 2011년 4월 1일
**개정판 1쇄 발행** 2018년 9월 21일
**개정판 5쇄 발행** 2024년 9월 12일

**책임편집** 송화록, 한누리
**디자인** 장미연, 하태호, 정규옥

**다락원** 경기도 파주시 문발로 211
내용문의: (02)736-2031 내선 460~465
구입문의: (02)736-2031 내선 250~252
Fax: (02)732-2037
출판등록 1977년 9월 16일 제 406-2008-000007호

ISBN 978-89-277-1214-5 14730
      978-89-277-1205-3(set)

http://www.darakwon.co.kr

- 다락원 홈페이지를 방문하시면 상세한 출판 정보와 함께 동영상 강좌, MP3 자료 등 다양한 어학 정보를 얻으실 수 있습니다.
- **다락원 홈페이지**에서 "(2nd EDITION) JLPT 급소공략 N3 독해"를 검색하시거나 표지 날개의 **QR코드**를 찍으시면 **해설집**을 다운로드 하실 수 있습니다.

국제화, 세계화라는 파도를 타고 넘지 않으면 개인이든 사회든 국가든 생존 경쟁에서 뒤쳐질 수 밖에 없습니다. '국제화 = 영어 실력'이라고 생각하는 것은 틀린 말은 아닙니다만, GDP 규모면에서, 특히 취득면에서, 수출입 규모면에서, 그리고 다양한 문화나 심지어 문학적인 측면에서도 일본이라는 나라는 여전히 세계적인 강국 중 하나입니다. 특히 아시아권에서의 일본의 위상은 여전히 무시할 수 없는 강한 힘을 가진 나라입니다.

일본어를 잘하는 것은 한 개인에게 있어서 분명히 하나의 무기라고 생각합니다. '일본어 좀 한다'와 'JLPT(일본어 능력시험) N3에 합격했다'는 말은 의미하는 바가 크게 다를 것입니다. 현대를 「エビデンスの時代(증거의 시대)」라고 말하는 사람이 있는데, 저희 두 저자는 그 말에 크게 찬동합니다. '실력이 있다'와 '시험에 합격했다'는 말은 입사 시험의 당락을 결정짓기도 하기 때문입니다. 시험은 붙고 볼 일이며 자격증은 따고 볼 일입니다. 타인에게 증거를 보이는 방법은 종이로 된 「エビデンス」보다 좋은 것은 없을 것입니다.

최근 일본으로 취업차 진출하는 사람이 점점 늘고 있는데 대부분의 회사에서는 JLPT 급수를 요구합니다. 본서가 거기에 부응하는 책이 되기를 바라며 다소의 수정을 가하여 개정판을 내기에 이르렀습니다.

본서는 새로워진 JLPT 시험의 합격을 위하여, 저희 두 저자가 20여 년간 학생을 가르치며, 또 책을 만들며 축적한 모든 노하우를 담으려고 노력을 기울였습니다.

❶ 새로워진 시험 방식에 쉽게 적용할 수 있도록 기출문제의 경향을 철저히 분석, 반영하였습니다.
❷ 향후 시험 문제로 나올 수 있는 '경우의 수'를 넓게 잡아, 다양한 문제를 접할 수 있도록 하였습니다.
❸ 어학의 기본인 문법과 폭넓은 어휘를 접할 수 있도록 하였습니다.

본서와 아울러 시리즈로 출간된 『JLPT 급소공략 독해 N1』과 『JLPT 급소공략 독해 N2』도 탄탄한 기본기를 갖추는데 활용할 수 있으리라 생각합니다. 아무쪼록 본서가 여러분들의 합격에 일조를 할 수 있기를 바랍니다.

## 芸は身を助く
**(어떤) 재주가 (하나) 있으면 (언젠가는) 나를 (크게) 도우리라**

권영부
石川喜一

# JLPT (일본어 능력시험) N3 독해 유형 분석

2010년부터 실시된 JLPT(일본어 능력시험) N3은 새롭게 신설된 급수이다. 독해에서는 내용 이해(단문, 중문, 장문), 정보 검색 총 두 개의 문제 유형이 나온다. 지문은 내용 이해(단문-4개, 중문-2개, 장문-1개), 정보 검색 (1개) 총 8개로, N4의 7개와 비슷하고 N2의 11개에 비해 적다. 배점은 전체에서 1/3을 차지하기 때문에 기존 시험보다 더 어려워지고 비중도 늘어났다.

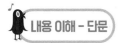

## 내용 이해 - 단문

問題4  주로 생활, 업무, 학습 등 다양한 주제를 포함한 150~200자 정도의 수필이나 설명문, 지시문을 읽고 내용을 충분히 이해했는지 묻는 문제이다. 총 4개의 지문이 나오며 각 지문당 1개의 문제가 출제된다. 주로 글의 전체 주제를 묻는 문제나 필자의 주장이나 생각을 묻는 문제, 밑줄 친 부분의 의미를 찾는 문제, 문맥을 파악하는 문제 등의 형태로 출제된다. 전체 독해 문제 중 지문이 가장 짧기 때문에 필자의 주장이나 의견, 전체 지문의 요점 등을 나타낸 키워드나 문장을 빨리 파악하는 것이 중요하다.

## 내용 이해 - 중문

問題5  비교적 평이한 내용의 신문 논평, 설명문, 수필 등 350자 정도의 지문을 읽고, 인과 관계나 개요, 이유, 필자의 생각 등을 이해했는지를 묻는다. 총 2개의 지문이 나오며 각 지문당 3개의 문제가 출제된다.

주로 문장의 개요나 필자의 생각, 인과 관계를 묻는 문제가 출제되므로 각 단락이 말하는 내용이 무엇인지 파악하는 것이 중요하다. 문장의 주제나 필자의 생각은 주로 마지막 단락에서 정리가 되므로 주의 깊게 읽는다. 인과 관계나 이유를 묻는 문제의 경우는 주로 밑줄 친 부분의 문장의 앞뒤 문맥을 살펴서 문제를 풀어야 한다.

## 내용 이해 - 장문

**問題6** 550자 정도의 장문을 읽고 필자가 전달하려는 주장이나 의견을 얼마나 이해할 수 있는지를 묻는 문제이다. 총 1개의 지문이 나오고 4문제가 출제된다.

전체적인 내용 이해, 키워드 파악, 논리 전개 등을 파악하는 것이 무엇보다 중요하다. 독해 문제 중에서 제일 난이도가 높은 파트로 단어 수준도 높은 편이다.

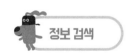

## 정보 검색

**問題7** 600자 정도의 광고, 팸플릿, 정보지, 비즈니스 문서 등의 정보 소재글 안에서 자신에게 필요한 정보를 찾아낼 수 있는지를 묻는 문제이다. 총 1개의 지문이 나오고 2문제가 출제된다.

정보를 주는 문장의 경우 처음부터 끝까지 꼼꼼히 읽고 이해하는 것이 아니라 읽는 목적에 따라 필요한 부분만 찾아서 읽으면 되므로 문제가 지문의 앞에 온다. 따라서 먼저 질문과 선택지를 읽고 필요한 정보가 무엇인지 파악하는 것이 중요하다.

# 이 책의 구성과 특징

본문

문제의 유형을
나타낸다.

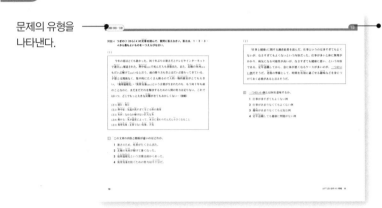

**모의 고사** 형식의 교재로 총
5회의 모의고사가 실려 있다.

부록

**정답과 해석**
부록에는 각 문제의 정답과 지문 해석, 단어 및 표현이 정
리 되어 있다.

# 목차

머리말 ···································································· 3

JLPT(일본어 능력시험) N3 독해 유형 분석 ············· 4

이 책의 구성과 특징 ············································· 6

JLPT 급소공략 N3 독해 1회 ······························ 9

JLPT 급소공략 N3 독해 2회 ······························ 23

JLPT 급소공략 N3 독해 3회 ······························ 37

JLPT 급소공략 N3 독해 4회 ······························ 51

JLPT 급소공략 N3 독해 5회 ······························ 65

## 부록

정답과 해석 ··························································· 79

# N3 독해

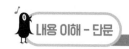
**問題4** つぎの(1)から(4)の文章を読んで、質問に答えなさい。答えは、1・2・3・4から最もよいものを一つえらびなさい。

（1）

---

　　今年の夏はとても暑かった。何十年ぶりの暑さだとテレビやインターネット

で連日(注1)報道された。熱中症(注2)で死んだ人も多数出た。また、北極の氷河(注3)

もだいぶ解けて(注4)いると言う。雨の降り方も昔とはだいぶ変わってきている。

予想とは関係なく、集中的にたくさん降るので人的・物的被害がとても大き

い。「地球温暖化」・「異常気象(注5)」という言葉が生まれたのも、もう何十年も前

のことなのに、まだまだそれを解決するための人間の努力は足りない。これで

はいつ、どこでもっと大きな災難がきてもおかしくない…(後略)


(注1) 連日：毎日
(注2) 熱中症：気温が高すぎて生じる体の異常
(注3) 氷河：なかなか解けない巨大な氷
(注4) 解ける：氷が温度によって、水分に変わりだんだん小さくなること
(注5) 異常気象：正常でない気象、天気

---

1　この文章の内容と関係が遠いのはどれか。

**1** 暑さのため、死者がたくさん出た。

**2** 北極の氷河が解けて暑くなった。

**3** 地球温暖化という言葉は前からあった。

**4** 異常気象を防ぐための努力は不十分だ。

（2）

　　「仕事と健康」に関する調査結果を読んだ。仕事というのは多すぎてもよくないが、なさすぎてもよくないという内容だった。仕事が多いと体に無理がかかり、病気になる可能性が高いが、なさすぎても健康に悪い、という内容である。定年退職してから、急に体が悪くなるケースが多いのが、一つのいい例だそうだ。老後の準備として、時間を有効に過ごせる趣味などを身につけておく必要があると言えそうだ。

2　一つのいい例とは何を意味するか。

**1** 仕事が多すぎてもよくない例

**2** 仕事があまりなくてもよくない例

**3** 趣味があまりなくても元気な例

**4** 定年退職しても健康に問題がない例

（3）

つぎのメールは、大原和幸（おおはらかずゆき）さんが、韓国の友人、朴明真（パクミョンジン）さんに送ったものである。

---

あて先：yumenokuni@kokoro.co.jp

件名：無事帰りました！

---

朴（パク）さん、お元気ですか。

韓国訪問中はいろいろとお世話になり、ありがとうございました。お忙しい中、いろいろと案内していただき、ありがとうございます。久々(注)（ひさびさ）のソウルの夜景（やけい）もきれいだったし、カルビもとてもおいしかったです。私は土曜の晩（ばん）、無事東京に着きました。明日からまた仕事に戻ります。来月出張（しゅっちょう）で東京に来られますよね。その時は家（うち）に泊（と）まってください。それでは、お元気でお過ごしください。

(注)久々（ひさびさ）：久しぶり

---

3　大原（おおはら）さんのメールの内容と合わないものはどれか。

1　大原（おおはら）さんは、韓国の訪問が今回初めてではない。

2　大原（おおはら）さんが韓国に来ていた時、朴さんが案内してあげた。

3　大原（おおはら）さんは、韓国に来ていた時、朴さんの家（いえ）に泊（と）まった。

4　朴（パク）さんは、来月東京へ出張（しゅっちょう）に行くことになっている。

（4）

> 　無病長寿とは、何の病気もせず長生きすることである。長生きを望まない人間などはいない。しかし、病気になっても病気をよく管理さえすればいくらでも長生きができる。反対に、とても元気な人が急に病気になって倒れることも数は少ないがたまにある。私の周りにもそういう人が何人かいて驚いたことがある。無病長寿は現実にはなかなかないことだから、病気を上手に管理することに関心を持つ必要がありそうだ。

4　この文章の内容と合わないものはどれか。

**1** この文章を書いた人の周りに、急に倒れた人はほとんどいない。

**2** 無病長寿を望まない人は、ほとんどいない。

**3** もし、病気になっても上手に管理することが大事である。

**4** 無病長寿は現実にはあまりない。

**問題5 つぎの（1）と（2）の文章を読んで、質問に答えなさい。答えは、1・2・3・4 から最もよいものを一つえらびなさい。**

（1）

　　スマートフォンの発明で以前は考えられなかったことが可能になった。インターネットはもちろん、カメラと録音の機能など、ありとあらゆる機能がついていて、①一回使い始めると、使用を中止することは、ほぼ不可能である。

　　「たばこは無理をすれば、やめられるが、スマホの使用を中止するのは絶対無理」と言う人もいるくらいだ。正直、たばこもそう簡単にやめられるものではない、と言われる中、スマホの中毒性も表現できないくらい強いのは間違いない。財布を家に置いて出かけた場合、電車賃さえあれば家に戻らないが、スマホの場合は、会社に遅れても家に取りに帰るのが普通である。これは、スマホへの中毒よりも、②少し違う見方もできる。取引先や客からかかってくる電話に出られないと、仕事ができない。スマホに入れてある番号を一つも覚えていない中、電話をかけることもできない。中毒よりも怖いのは仕事ができないことである。落としてもなかなか壊れないものや防水機能が強化された(注)もの、曲げてポケット入れても大丈夫なスマホなど、スマートフォンはもうわれわれの日常になくてはならないものになっている。

(注) 強化された：強くなった。

5 ① 一回使い始めると、使用を中止することは、ほぼ不可能であるとあるが、何がほぼ不可能なのか。

1 インターネットを使うこと

2 カメラの機能を使うこと

3 録音機能の使用

4 スマートフォンの使用

6 ② 少し違う見方もできるの意味として最も正しいのはどれか。

1 インターネットの依存度が高すぎるということ

2 スマートフォンの依存度が高すぎるということ

3 スマートフォンなしではビジネスができないということ

4 スマートフォンなしでは生活ができないということ

7 この文章を通して筆者が最も言いたいことは何か。

1 スマートフォンへの依存度を減らすべきだ。

2 たばこはやめられるが、スマートフォンの使用を中止するのはほぼ不可能だ。

3 パソコン・スマートフォンはなくてはならないものになってきている。

4 スマートフォンは生活の上でその依存度や必要性が強くなってきている。

（2）

　　若い人で髪を染めて(注1)いる人をよく見かけるようになった。青年連合会が実施したアンケート調査の結果を見ると、５００人中、４０％の２００人が髪を染めた経験を持っていた。経験のない人でも１０％の人が「いつか染めてみたい」と答え、約半数の人が「茶髪派(注2)」であることが分かった。

　　一方、「髪を染めたいとは思っていない」と答えた人は３０％の１５０人。「なぜそう思うか」に対する答えとして、「みっともないから」が１００人、「お金がかかるから」が５０人だった。

　　「お金がかかるから」と答えた人に、「お金があれば染めてみたいか」と聞いたら、全員が「はい」と答え、<u>「茶髪派」の人は、結果として６０％に上ることが分かった</u>。ただ、会社の採用担当者は、茶髪を否定的に思っている人がほとんど、という別の調査結果もあるので、就職前の人は参考にしてもよさそうだ。

(注1) 髪を染める：髪の色を変える
(注2) 茶髪派：髪の毛を茶色に変える人たち

8 「茶髪派」の人は、結果として60％に上ることが分かったとあるが、60％と言えるようになったのはどうしてか。

1 髪を染めた経験者が40％、「いつか染めてみたい」と答えた人が15％、「お金があれば染めてみたい」と答えた人が5％、これらを合わせた結果

2 髪を染めた経験者が40％、「いつか染めてみたい」と答えた人が10％、「お金があれば染めてみたい」と答えた人が10％、これらを合わせた結果

3 髪を染めた経験者が40％、「お金があれば染めてみたい」と答えた人が20％だから

4 髪を染めた経験者が40％、「いつか染めてみたい」と答えた人が20％だから

9 この文章の内容と合っているものはどれか。

1 調査の対象は二十歳以上の人である。

2 調査を実施したのは美容連合会である。

3 髪を染めた経験が実際ある人は40％である。

4 結果として茶髪が好きでない人は50％である。

10 この文章を書いた人が若い人に伝えたいことは何か。

1 若い時でも、髪を染めてはならない。

2 若い時は、いろいろなことをやってみるべきだ。

3 会社の採用担当者の関心を引くために、髪を染めるのはいいことだ。

4 髪を染めるのが好きでも、入社前は気をつけてもらいたい。

**問題6** つぎの文章を読んで、質問に答えなさい。答えは、1・2・3・4から最もよい
ものを一つえらびなさい。

　今時(注1)、「保険」を知らない人は①さすがにいないでしょう。「保険」とは、
「②険しい＜＝困難な＞状況を迎えた人を保護するものだ」と言えるでしょう。

　世の中には、出生・合格・入社・結婚・開店・成功のような喜ばしいこと
がある反面、死亡・不合格・定年退職・離婚・閉店・失敗のような喜ばしく
ないこともあります。前者(注2)を、プラス的なことと言えば、後者はマイナス
的なことになるでしょう。別の言い方だと、前者を幸、後者を不幸とも言え
ます。もちろん、後者の中で、③それと呼べないものもあります。死亡・定年
退職などは、もう決まっていることで人間の努力によって防げるものではあ
りません。時が経てば誰でも迎えるしかないことだからです。ところが、今
の二つの例が、不意の(注3)事故や望んでいないのに強制的にそうさせられた場
合は、不幸に含まれるでしょう。

　「保険」は、このような不幸を迎えた人のために、助け合う目的で前もって(注4)
お金を出し合う働きを持っています。つまり、「保険」とは、いつかどこかで
誰かがそのようなことを迎えた場合を想定して(注5)、その準備としてお金を集
めておく行為なのです。

　世の中には、誰もが望むことも、起きてほしくないことも現実にはあるの
です。私たちはそのために「保険」を考え出したと言えます。

(注1) 今時：今となっては・今は
(注2) 前者：前の事、前の話。反対の言葉は「後者」
(注3) 不意の：全然思っていない・予想外の
(注4) 前もって：ある喜ばしくないことが起きる前に、事前に
(注5) 想定する：あることが起きると仮定する

11 ① さすがにいないでしょうとあるが、これはどういう意味か。

**1** 「保険」を知らない人も少しはいる。

**2** 「保険」を知らない人はほとんどいない。

**3** 「保険」を知らない人はいるかもしれないし、いないかもしれない。

**4** 「保険」を知らない人がいるのかいないのか、それは分からない。

12 この文章によれば、必ずしも ② 険しい＜＝困難な＞状況と、断定しにくい例は
どれか。

**1** 不合格

**2** 離婚

**3** 定年退職

**4** 失敗

13 ③ それが指す言葉はどれか。

**1** 幸せ

**2** 不幸せ

**3** 前者

**4** 後者

14  この文章の内容として正しくないものはどれか。

**1** 不幸を前もって防ぐために、「保険」は考え出された。

**2** 困難なことを迎えた人のために、「保険」というものが生まれた。

**3** 望んでもいなかったことと「マイナス的なこと」は同じ意味である。

**4** 「定年退職」は必ずしも不幸とは言えない。

**問題 7** つぎのページは、あるコーヒーショップの「割引(わりびき)キャンペーン」の内容である。つぎの文章(ぶんしょう)を読んで、下の質問に答えなさい。答えは、1・2・3・4から最もよいものを一つえらびなさい。

15 チョコクリームコーヒーのいつもの値段は400円だが、日曜日の午後1時に行くと、いくらになるか。

**1** 325円

**2** 340円

**3** 360円

**4** 380円

16 良子(よしこ)さんはこの間の水曜日、友だちの順子(じゅんこ)さんと、このコーヒーショップで午後1時40分ごろ会って、350円のトーストを二人分(ふたりぶんた)頼んだ。約30分後、二人は300円のブラックコーヒーを飲んだ。順子(じゅんこ)さんの誕生日で、この日は良子(よしこ)さんがおごってあげた。良子(よしこ)さんはこの日、全部でいくら使ったか。

**1** 1,240円

**2** 1,270円

**3** 1,280円

**4** 1,300円

# ★アメリカノコーヒーショップ、春の割引大キャンペーン★

暖<sup>あたた</sup>かな春の新学期<sup>しんがっき</sup>を迎えて、長年<sup>ながねん</sup>お世話になりましたお客様に感謝<sup>かんしゃ</sup>の気持ちを込めて三月、一ヶ月間特別割引感謝<sup>わりびきかんしゃ</sup>セールを実施いたします。

３月１日から３月３１まで、すべての料金は以下のとおりとさせていただきます。

| | 午前<br>8時～12時 | 午後<br>2時～7時 | 夜<br>7時～9時 |
|---|---|---|---|
| お飲み物 | 10％ | 5％ | 5％ |
| お食事＆パン | 15％ | 10％ | 5％ |

＊ただし、ランチタイムの12時～午後２時は、平常<sup>へいじょう</sup>どおり(注)の料金とさせていただきます。

公休日と土曜・日曜はランチタイムも含めて、全商品を以下のとおりでご奉仕いたしております！

| | 午前<br>8時～12時 | 午後<br>12時～7時 | 夜<br>7時～9時 |
|---|---|---|---|
| お飲み物 | 15％ | 10％ | 10％ |
| お食事＆パン | 20％ | 15％ | 10％ |

(注) 平常<sup>へいじょう</sup>どおり：いつもと同じ

JLPT 급소공략 **N3 독해**

問題４ つぎの（１）から（４）の文章を読んで、質問に答えなさい。答えは、１・２・３・
４から最もよいものを一つえらびなさい。

（１）

> 　犬より忠誠心の強い動物はいない。主人を危機から救ったという話は、ど
> この国にもある。それで、みんなが「忠犬」と呼ぶのかもしれない。この間、
> ニュースで聞いたのだが、家を取り壊して建て直す間、犬の面倒がみられな
> い(注)ため、５００キロも離れた妹の家に犬を連れて行き、そこに置いてきたの
> だが、二週間後にその犬が歩いて帰ってきたというのである。犬は忠誠心よ
> りも、ある意味では頭がいい動物である。
>
> (注) 面倒をみる：かわいがって世話をする

① 　この文章の内容と関係が薄いのはどれか。

**1**　犬が主人を救った話は東洋の国にも西洋の国にもある。

**2**　一般に、犬は忠誠心の強い動物として知られる。

**3**　この間のニュースで犬の忠誠心がさらに話題になった。

**4**　犬は、忠誠心よりも頭がいいという観点で見てもいい動物である。

（2）

字というのは、書いて読むもので、このことをおかしいと思う人はいないはずです。機械文明の発達により、私たちは、字をあまり書かなくなっています。字は書くよりも、打つものだと認識している人も多いようです。年賀はがきの最後のところに名前を書いたり、カードで支払ってサインをするぐらいがほとんど、と答える社会人もかなり多いようです。字を書くのは生徒か学生、機械が使えない年寄りぐらいになってしまったようです。

2 字をあまり書かなくなっている理由として合っているのはどれか。

1 機械が発達して、書くことより読むことが大事になってきたから

2 機械が発達して、機械の使い方を身につけないといけないから

3 機械が発達して、書く代わりに機械に入力する機会が増えてきたから

4 社会に出ると、ゆっくり字を書く余裕がないから

（3）

つぎのメールは、権寧夫さんが、日本の知人、大湊和久さんに送ったものである。

---

あて先：yumenokuni@darakwon.co.jp

件名：お元気でしょうか。

---

大湊さん、お元気でしょうか。

　この間の東京での出版記念パーティーは、とてもすばらしいものでした。自分の書いたつまらない本のために、たくさんの方々が来てくださり、感動いたしました。特に御社(注1)の社長ご夫妻(注2)がお見えになるとは、夢にも思いませんでした。私の方でも写真を何枚か撮っていますので、でき次第(注3)お送りします。いつかソウルへ来られることがありましたら、ぜひお声をかけてください。お待ちしております。それではお元気で。

権寧夫

(注1) 御社：貴社・あなたの会社
(注2) ご夫妻：ご主人と奥様・ご夫婦
(注3) でき次第：できたらすぐに・できたら間もなく

---

3 このメールを書いた人は何が一番うれしかったのか。

1 出版記念パーティーに参加者が多かったこと

2 自分の本の出版記念パーティーだったこと

3 撮った写真の中におもしろいのがたくさんあること

4 出版社の社長と奥様が一緒にパーティーに参加したこと

（４）

> 　「ながら族」という言葉ができたのは何十年も前のことで、意味は「〜をしながら〜をする族＝人たち」である。実は、僕も学生時代、人一倍(注)のながら族だった。しかし、もう五十を過ぎた今、過去のことを考えると、それは決していいとは言えないと思っている。二つのことを同時に処理する、というのは理想であって、効率が悪い。運転をしながらスマートフォンを使うというのは、効率どころか、あまりにも危険すぎる。(後略)
>
> (注) 人一倍：普通の人よりもずっと

4　この文章は、「後略」になっていて後の文がない。この文章の内容からいって、後に続きやすいと思われる内容は、次のうちどれか。

1　二つのことを同時に処理するための工夫を、われわれはしなければならない。

2　二つのことを同時にするのは、効率もよくない上、危険でもある。だから、できるだけ止めてもらいたい。

3　二つのことを同時にするのは、効率はよくなるかもしれないが、危険だから、勧めたくない。

4　やるべきことが多すぎる現代は、少々危険でもできるだけ、二つのことを同時にできるように、ふだんから練習しておかなかればならない。

**問題5 つぎの(1)と(2)の文章を読んで、質問に答えなさい。答えは、1・2・3・4 から最もよいものを一つえらびなさい。**

（1）

> 　「リストラ(注1)」という外来語が使われはじめたのもだいぶ前のことだが、元の英語の意味を僕は正確に知らない。ただ、企業や会社を建て直すための「人員削減(注2)」というふうに推測しているだけである。
>
> 　「推測する」理由は、辞書がないからでもなく、調べるのが面倒くさいからでもない。この言葉を読んだり聞いたりして、プラス的な感じがしないから調べないでいるだけである。もう一つの理由は、ポータルサイト(portal site)やテレビのニュースでこの言葉に接した場合、文の前後で①<u>僕の推測どおりのニュアンスにちゃんとなっているから</u>である。
>
> 　僕の推測がもし正しいものであれば、問題は「どうして」この言葉がしょっちゅう(注3)使われるか、である。僕がこの言葉の綴り(注4)と意味を正確に知らないことより、②<u>それ</u>がもっと気になるのである。
>
> (注1) リストラ：restructuring。経営がうまくいかない企業を再編成すること
> (注2) 人員削減：社員を減らすこと
> (注3) しょっちゅう：いつも・常に
> (注4) 綴り：英語のspelling

28

5　①<u>僕の推測どおりのニュアンスにちゃんとなっているから</u>とあるが、これはどういう意味か。

**1** リストラが「企業を起こす」という意味だから

**2** リストラが「人を減らす」という意味だから

**3** リストラが「設備を増やす」という意味だから

**4** リストラが「人を減らして設備を増やす」という意味だから

6　②<u>それ</u>が指しているのは何か。

**1** 人を減らすこと

**2** 人を増やすこと

**3** 推測すること

**4** 辞書を調べないこと

7　この文章を書いた人に関する内容として正しいのはどれか。

**1** この文章を書いた人は新聞よりポータルサイトの記事をよく読む。

**2** この文章を書いた人は「リストラ」の意味を知らないわけではない。

**3** この文章を書いた人は面倒なことがいやな人である。

**4** この文章を書いた人は推測することが好きである。

（2）

石川君

　お元気ですか。私は高校２年の時、学級委員(注1)だった森田です。

　高校を出てもう２２年目を迎えましたね。２年２組の２２人のクラスメートが２０１９年２月２２日、午後２時に母校の校庭で会おうという約束をしたこと、石川君も覚えていますか。

　その後、連絡が取れる人と取れない人がいましたが、石川君はつい最近アメリカから帰って来たみたいですね。１５年ぶりとか聞きました。たまに会う長島君から石川君の話とＥメールのアドレスを入手しました。

　当時、担任の田中先生はおととし定年退職され、田舎に帰って農作業をしながら暮らしていらっしゃいます。

　うまくいっている級友も、そうでない人もいますが、全員元気で何よりと思っています。今度会ったら、昔修学旅行で起きた、あの「幽霊(注2)事件」の話など、懐かしい昔へ帰れると思います。

　参加はもちろんのこと、その前に近況でも一言お知らせください。


(注1) 学級委員：クラスの代表
(注2) 幽霊：死んだ人の霊

8  この文章を書いた目的と種類として正しいのはどれか。

1  同級生の結婚を知らせる案内状

2  同級生の開店を知らせるEメール

3  クラスメート会を知らせるEメール

4  最近の状況に関するEメール

9  この文章の説明として正しいものはどれか。

1  これは森田という人が長島君に送ったものである。

2  これは大学の同窓会の知らせである。

3  この文章をもらった人は、長年海外にいた。

4  この文章を書いた人は、卒業以来長島さんと一回も会っていない。

10  この文章を書いた人が最も伝えたい話は、次のうちどれか。

1  同級生の集まりにぜひ参加してほしいこと

2  同級生の集まりで「幽霊事件」の話をぜひ聞かせてほしいこと

3  同級生全員、元気でいること

4  担任の先生は、もう定年退職されたこと

**問題6** つぎの文章を読んで、質問に答えなさい。答えは、1・2・3・4から最もよい
ものを一つえらびなさい。

---

安東(あんどう)さん

　毎日とても暑い日が続いていますが、お元気でしょうか。あともう少しで
一学期(いちがっき)が終わろうとしていますが、まだ①こちらの生活には十分慣(な)れていない
ような気がします。やはり習うことと教えることはだいぶ違いますね。学生
たちに日本語の文法やニュアンスを正確に理解させることは、大変ですね。

　でも、毎日学生たちと一緒に生活するのはとても楽しいです。日本での6
年間の留学生活が、時々(ときどき)思い出され、暇(ひま)な時は思い出の写真を見たりしてい
ます。

　さて、7月27日(水)、東京で学会があるのですが、私は期末テストと採点(さいてん)(注1)
の関係で、②27日の学会には参加できそうにありません。今のところ、28日
の昼ごろ、成田(なりた)に着いて、九段下(くだんした)(注2)の会場には、午後4時ぐらいに着けると
思います。このことを、香山(かやま)先生に伝えていただけないでしょうか。また、
初日(しょにち)に配(くば)られる論文の資料も、私の分まで代わりに受け取っていただけない
でしょうか。ビジネスホテルの方も、二日間ちゃんと予約されているか、再
確認お願いします。お願いばかりで申し訳ありません。

　幸(さいわ)い(注3)、私の発表は学会三日目(みっかめ)の最終日(さいしゅうび)なので、発表に臨(のぞ)むことは可能で
す。今回の学会のテーマ、「れる・られるに見られる日本人の言語習慣(げんごしゅうかん)」は、
大変興味深(きょうみぶか)いテーマですので、どういう発表になるか、今からもう楽しみで
す。メールを書こうと思ったのですが、パソコンが故障(こしょう)してしまい、ファク
スで失礼しました。それでは、学会でお会いしましょう。

00年7月15日　黄永福(ファンヨンボク)

---

(注1) 採点：テストのあと、点数をつけること
(注2) 九段下：東京の地名の一つ
(注3) 幸い：運よく

---

11 ① <u>こちらの生活には十分慣れていないような気がします</u>とあるが、これはどうしてか。

1 毎日とても暑い日が続いているから

2 あともう少しで一学期が終わろうとしているから

3 学生たちの理解力が弱いから

4 知識の伝達の仕方がまだ確立されていないから

---

12 ② <u>27日の学会には参加できそうにありません</u>とあるが、その理由は何か。

1 仕事が終わらないから

2 まだこちらの生活に慣れていないから

3 日本と韓国は夏休みに入る時期が違うから

4 飛行機の切符が取れていないから

---

13 この文章を書いた人の職業として一番可能性の高いのはどれか。

1 大学の先生

2 修士課程中の学生

3 博士課程中の学生

4 留学中の大学院生

14 この文章の内容として正しいものはどれか。

**1** この文章を書いた人は、学会二日目に発表する。

**2** この文章を書いた人がビジネスホテルで泊まる予定の日は、水曜・木曜である。

**3** この文章を書いた人は、ビジネスホテルの予約をしていない。

**4** この文章を書いた人は、仕事の関係で学会に出るのが遅くなる。

問題7 つぎのページは「新しい部屋を探すための比較表」である。つぎの文章を読んで、下の質問に答えなさい。答えは1・2・3・4から最もよいものを一つえらびなさい。

15 谷村京子さんは、新しい部屋を探している。お金に余裕がないので、とにかく安い部屋を考えている。ただ、陸上部の選手なので、お風呂がなくては困る。駅までの距離や部屋の明るさはあまり気にしない。谷村京子さんの条件に一番合う部屋はどれか。

1 シティパレス

2 平和荘

3 コーポ横河

4 みどり荘

16 谷村京子さんは、友だちのみどりさんから、一緒の部屋で生活しないかと言われ、その方向で考えている。二人暮らしなので、まず部屋が二つないといけない。また、友だちは猫が一匹いるのと、バイトからの帰りが遅いので駅から近い方がいい。もちろん家賃は安ければ安いほどいい。条件に合う部屋はどれか。

1 みどり荘

2 平和荘

3 シティパレス

4 My Home大和

# ★部屋の比較表★

| | 家賃 | 駅までの距離 | 部屋の数と広さ | お風呂 | 明るさ | ペット |
|---|---|---|---|---|---|---|
| シティパレス | 3万8千円 | 歩いて<br>15分 | 1DK<br>4帖 | なし | 暗い | 不可 |
| コーポ横河 | 4万3千円 | 歩いて<br>10分 | 1LDK<br>4帖半 | あり | 普通 | 不可 |
| 平和荘 | 4万8千円 | 歩いて<br>10分 | 2DK<br>4帖半 | あり | 明るい | 不可 |
| みどり荘 | 5万5千円 | 歩いて<br>15分 | 2LDK<br>6帖半 | あり | 普通 | 可 |
| My Home大和 | 6万2千円 | 歩いて<br>6分 | 2LDK<br>6帖半 | あり | 明るい | 可 |

＜用語の説明＞

1DK：部屋一つ＋ダイニングキッチン(流し台＋食卓のスペース)

1LDK：部屋一つ＋リビングルーム一つ＋ダイニングキッチン

2DK：部屋二つ＋ダイニングキッチン(流し台＋食卓のスペース)

2LDK：部屋二つ＋リビングルーム一つ＋ダイニングキッチン

帖：たたみ1枚

**問題4 つぎの（1）から（4）の文章を読んで、質問に答えなさい。答えは、１・２・３・４から最もよいものを一つえらびなさい。**

（1）

---

自動車部品メーカーのＡ工場では、このほど(注)タバコを吸う人を減らすため、新しい規則を定めた。新しい規則は以下のとおりである。

1）タバコは決められた場所で決められた時間のみ、可能である（場所と時間は参照のこと。守っていない人には１回につき罰点10点）。

2）一月単位で罰点が30点を超えた場合は、トイレの掃除を一週間する。

3）一ヶ月間禁煙を守った人には１日有給休暇を与える。

(注) このほど：最近

---

① この文章の内容として正しいものはどれか。

**1** 会社の中では絶対禁煙である。

**2** 罰点が30点を超えた場合、一ヶ月の間トイレの掃除をする。

**3** 罰点も休暇も一ヶ月単位で計算する。

**4** 罰点が10点を超えなければ有給休暇がもらえる。

（2）

　　インターネットの登場で、便利になったことも多い反面、そうでない場合もけっこうあると思う。例えば、何か物を買う時、それに関する評価をどこまで信じていいか分かりにくい場合も少なくないからである。この間、「とてもいい本」という評価を受けたものをそのまま信じて高い金を払って買ったのに、あまりに気に入らなくてがっかりしたことがある。インターネットに依存しすぎるのも考えものだ(注1)ということを切に(注2)感じたのである。

(注1) 考えものだ：よく考える必要がある
(注2) 切に：強く思う様子・心から

2　この文章を書いた人が最も言いたいことは何か。

1　本は安ければいいものではなく、内容が大事だ。

2　本は内容も内容だけど、値段も無視できない。

3　物を買う時は慎重に考えて買わないと、損しやすい。

4　人の判断を信じ過ぎるのもよくない。

（3）

昔の映画に出て来る縮地術というのは、文字通り長い距離を縮小して瞬間的に移動する術という意味である。もちろん、物理的には不可能であろう。しかし、今われわれは正に、その縮地術を使って生きているではないか。高校時代、アメリカの女子学生とペンパルをしていた時、一往復する(注)まで、早くて一ヶ月もかかった手紙が、Eメールだと数秒で着くからである。

(注) 一往復する：一回、手紙を出して返事をもらう

③　この文章の内容として正しいのはどれか。

**1** 昔の人に、縮地術の可能な人がいなかったとは言えない。

**2** 実際、縮地術は物理的に可能な話かもしれない。

**3** 正に現代こそ、縮地術を使ってわれわれは生活している。

**4** 一ヶ月もかかった手紙が数秒で着くのは、縮地術と言ってよい。

（４）

> 　私は、長い間、日本語を教える仕事をしている。日本語は、敬語が発達しているとか、男女間の違いがあるとか、他の言語と比べ、特徴と言えるところも少なくない。韓国語では、「風邪が入った」・「雨が降ってぬれた」と言うが、日本語だと、「風邪をひいた」・「雨に降られた」と言う。風邪の原因を外部からではなく、自分自身から求めるところと自然に従うところも、その一つであると私は思う。
>
> 　　　　　　　　　　　(権寧夫『私たちの知らなかった日本語』による)

４　そのの意味として正しいのはどれか。

　**1**　日本語の特性の例

　**2**　男女語の違いの例

　**3**　自然に従う人間の心の例

　**4**　敬語の発達の例

**問題5 つぎの（1）と（2）の文章を読んで、質問に答えなさい。答えは、１・２・３・４から最もよいものを一つえらびなさい。**

（1）

> 　私はヨーロッパでの勤務が長い。大学を出た24歳の時に入社し、5年後パリ支社の勤務を始めて以来、今年帰国するまで約14年間、ヨーロッパ中を回った。パリをはじめとして、マルセイユ、リヨンそして隣の国のドイツのハンブルク、最後にロンドンと、3カ国五つの都市で働いてきた。おかげで子供たちは、フランス語・ドイツ語・英語と、かなり上手だが、肝心な(注1)日本語はすごく下手なのである。
>
> 　43歳になって帰国してみると、①子供たちの将来が心配になってきた。日本人なのに、日本語も日本の文化もあまり知らないからだ。この子たちにとって、日本という国は何なのか、本当に祖国なのか、疑問が残る。学校ではイジメを受けないか、今後ちゃんと生活していけるかなど、いろいろ心配である。みんなが英語、英語と叫んでいる中、我が家(注2)は家庭教師まで呼んで、祖国の言葉を習わせる②奇妙な(注3)毎日である。
>
> (注1) 肝心な：大切な
> (注2) 我が家：私の家
> (注3) 奇妙な：おかしな・変な

42

5　① 子供たちの将来が心配になってきたとあるが、それはどうしてか。

　　**1**　この文章を書いた人は、もう40歳になったから

　　**2**　子供たちが日本のことをあまり知らないから

　　**3**　子供たちがヨーロッパのことをよく知っているから

　　**4**　子供たちは、みんなヨーロッパへ戻りたがっているから

6　② 奇妙なというのは、どういう意味か。

　　**1**　日本人なのに、ヨーロッパのことをよく知っていること

　　**2**　日本人なのに、あまり日本語を知らないこと

　　**3**　日本人なのに、ヨーロッパの言語がよくできること

　　**4**　子供たちが英語が上手なこと

7　この文章の内容として正しいものはどれか。

　　**1**　この文章を書いた人は、ヨーロッパでの経験が長い。

　　**2**　この文章を書いた人は、ヨーロッパでの勤務をとても後悔している。

　　**3**　この文章を書いた人の子供たちは、学校でイジメを受けている。

　　**4**　この文章を書いた人は、３カ国六つの都市で勤務してきた。

（2）

　　ネズミも動物の一つであることは間違いないが、ネズミが好きだという話を今まで聞いたことがない。

　　つまり、嫌（きら）われているということになるが、その理由は、「汚いから」、「気持ち悪いから」に加（くわ）え、伝染病（でんせんびょう）を移すこともありうる、というところにもありそうだ。また、せっかく人間が栽培（さいばい）して収穫（しゅうかく）した穀物（こくもつ）(注1)を食べてしまうから、よけい（注2）①そうだと言えそうだ。

　　ところが、ネズミがいるからこそ、われわれ人間の生活がより衛生的で（えいせいてき）(注3)、病気にもかかりにくくなったと言うと、驚（おどろ）くに違いないだろう。②逆説的な（ぎゃくせつてき）(注4)言い方になるが、人間ととても近いDNAを持っていると言われるネズミがいるおかげで、いろいろな実験もできるのである。特に実験用マウス(注5)のおかげで、人間のための薬もたくさん開発することができるのである。

(注1) 穀物（こくもつ）：人間が食べる米（こめ）、麦（むぎ）などの食物（しょくもつ）
(注2) よけい：もっと
(注3) 衛生的で（えいせいてき）：病気を防げ、健康によく
(注4) 逆説的な（ぎゃくせつてき）：反対のことを言うような
(注5) 実験用マウス（じっけんよう）：実験用ネズミ（じっけんよう）

8 　① そうだの意味として正しいものはどれか。

**1** 嫌<sup>きら</sup>われている。

**2** 好きに思われている。

**3** 動物<sup>どうぶつ</sup>の一種<sup>いっしゅ</sup>だ。

**4** 汚い。

9 　② 逆説的<sup>ぎゃくせつてき</sup>なとあるが、その意味は何か。

**1** 「汚い」イメージのネズミを悪く評価するような

**2** 「汚い」イメージのネズミをよく評価するような

**3** 「汚い」イメージのネズミを人間のためにはならない、と言うような

**4** 「気持ち悪い」イメージのネズミを悪く言うような

10 　この文章を書いた人が最も言いたいことは何か。

**1** 「汚い」イメージのネズミも動物の一つである。

**2** ネズミのイメージは悪くても、人間のための役割<sup>やくわり</sup>もある。

**3** ネズミがいないと、人間の生活はより衛生的<sup>えいせいてき</sup>になれる。

**4** 実験用<sup>じっけんよう</sup>マウスがいないと、医学<sup>いがく</sup>の実験はできない。

**問題6** つぎの文章を読んで、質問に答えなさい。答えは、1・2・3・4から最もよい ものを一つえらびなさい。

エイズという病気が発見されてもう何十年も経つ。最初はだれもがこわがっ て、身の安全のためにみんなが注意していた。今はもちろん、今後も気を つけるべき病気だが、気のせいか(注)①昔ほど叫ばれていないような気がする。 それだけ、十分この病気の危険性について知識が広がったからだろうか。そ れともたくさん言われた分、感覚が薄れたからだろうか。新型インフルエン ザが一時期大流行して大騒ぎになったことがあるが、これも何となく②同じよ うな雰囲気である。人間というものは、「よく忘れる」存在かもしれない。

「恩を仇で返す」という言い回しがある。これは相手の助け・好意、つまり 恩を忘れて、仇(＝悪い行為・恨み)で返すという意味である。相手がしてくれ た好意や援助を悪い方法で返す人は悪人だ、というニュアンスがあるが、私 は③そう取らない。それよりも、過去にあったことをよく忘れる人間たち、と いうふうに取っている。

「借りる」という漢字を分析すると、「ひと(人)＋むかし(昔)」になっている。 「昔」という字は、「時が長く経った」という意味。整理すると、「人間は人から 何かを借りると時間が長く流れる(まで返さない)」という意味になる。

「なるほど！」と思う漢字はたくさんあるが、これもその中の一つである。

人間は、不利なことをよく忘れる生き物らしい。しかし、一つしかないも のを忘れてもいいのか、それが問題である。

(注) 気のせいか：そう思ったからなのか

46

11 ①<u>昔ほど叫ばれていないような気がする</u>とあるが、これはどういう意味か。

**1** 昔も今もみんなが叫んでいる。

**2** 昔に比べ、今はあまり言われなくなった。

**3** 昔と比べても、今でもみんなが話題にしている。

**4** 今でも昔以上に叫んでいる。

12 ②<u>同じような雰囲気</u>とあるが、何の雰囲気か。

**1** エイズのようにずっと叫んでいる雰囲気

**2** 地球環境の悪化を防ごうという雰囲気

**3** 身の安全のためにみんなが注意する雰囲気

**4** エイズのように昔ほどあまり言われていない雰囲気

13 ③<u>そう取らない</u>とあるが、これは何の意味か。

**1** 悪人だと思う。

**2** 悪い行為だと思う。

**3** 「あまり忘れない」意味として考える。

**4** 悪人だと思わない。

14 この文章を書いた人が最も言いたいことは何か。

**1** 人間は何でもよく忘れる生き物だ。

**2** ほかのことは忘れても、病気のことを忘れてはいけない。

**3** よく忘れる生き物の私たちでも、健康や病気のことを忘れてはいけない。

**4** よく忘れる生き物の私たちでも、「恩を仇で返す」のはよくない。

問題7 つぎのページは「韓国料理教室のお知らせ」である。つぎの文章を読んで、下の
　　　　質問に答えなさい。答えは1・2・3・4から最もよいものを一つえらびなさ
　　　　い。

15 「韓国料理教室」の準備物として正しいのはどれか。

**1** 鍋と豚肉

**2** 鍋とキムチ

**3** 豚肉とご飯

**4** ご飯とキムチ

16 「韓国料理教室」の内容として正しいのはどれか。

**1** 「韓国料理教室」は平日行われる。

**2** 参加希望者は、寮の学生に限る。

**3** 寮の近所の人も参加できる。

**4** 寮の職員は申し込めない。

# ★韓国料理教室のお知らせ★

国際交流会館のみなさん、韓国料理にチャレンジしてみませんか！

そろそろ冬が近づいてきていますね。おいしくてスタミナたっぷりの韓国のキムチチゲの作り方をお教えします。関心のある方は以下の内容をよく読んで、申し込んでくださいね ^^

1 日時：11月4日(日曜)　午前10時～午後2時

2 場所：寮内の庭

3 準備物：鍋(小)、豚肉200ｇ。キムチは208号室の鄭美姫さんが、あたたかいご飯は、301号室の魯京玉さんが無料で提供します^ ^

4 申込み方法：10月15日から10月31日までの間に、鄭さん(090－××54－7887)か、魯さん(090－3245－××74)に直接言うか、携帯メールでお名前とお部屋番号を送ってください。

5 その他：本、国際交流会館にお住まいの学生・職員・お友達だーれでもOKです。国際交流会館のご近所の方でもかまいません。当日は、10月に寮に入ったばかりの「カラオケの権さん」が、マッコリ(どぶろくに似た韓国の伝統酒)をどこかからいっぱい持って来るそうですよ^^

＊何か質問など、ありましたらみなさんの永遠のヘルパー、私、押場達成(090－××33－3355)までどうぞ！

**問題4　つぎの（1）から（4）の文章を読んで、質問に答えなさい。答えは、１・２・３・４から最もよいものを一つえらびなさい。**

（1）

　　今、現代社会はあらゆる問題に直面している。イジメもその一つで、これは学校だけでなく、会社などにも広く広がっている。イジメの原因は、いろいろあると思うが、「人間の孤独(注1)」がその原因と主張する学者がいる。その学者によると、グループになって弱い者をいじめる間、「団結」からくる快感を覚える(注2)そうである。孤独は自分にとっても人にとってもよくない。孤独にならない・させない工夫が必要そうである。

(注1) 孤独：さびしさ・一人ぼっちであること
(注2) 覚える：感じる

1　この文章を書いた人が最も言いたいことは何か。
　**1** 孤独は万病の元であるから、早くなくさないといけない。
　**2** 孤独とイジメの関連性をもっと研究しなければならない。
　**3** イジメの原因を孤独と断定することはできないが、可能性はかなり高い。
　**4** 孤独というものは、いろいろな意味でマイナス的だから、それを防ぐための研究をしなければならない。

（２）

> 　元気満点のフランスベーカリーをご利用いただきましてありがとうございます。皆様にご満足いただき、愛されるお店づくりのために日夜(注1)頑張っております。ご希望、お気付きの点(注2)がございましたらご記入の上、「お客様ご意見箱」にお入れください。皆様のご意見をお待ちしております。
>
> (注1) 日夜：絶えず・休まず
> (注2) お気付きの点：気付いたところ・気になるところ

2 　この文章の目的と種類として考えられるのは、次のうちどれか。

1 　店をよりよくするためのアンケート

2 　店のオープンを知らせるはがき

3 　店のデザインやインテリアなどを新しくしたことを知らせるはがき

4 　大バーゲンを知らせる手紙

（3）

　　現代文明の発達はその終わりが分からない。その中で、消えてその姿が見えなくなる動物もいる。もう都会でちょうちょ(注1)を見ることはなかなかできなくなった。

　　雨の日、よく見かけたミミズ(注2)やカタツムリ(注3)も同じ状況。「現代文明の発達＝動物・昆虫の消滅」のような感じさえする。人間と他の生き物の共存ができない発達で本当によいのか、このままだと、いつか予想できない災難が起きるかもしれない。

(注1) ちょうちょ：花と花の間をよく飛行する羽の大きい昆虫
(注2) ミミズ：雨が降るとよく現われる、地面をゆっくり移動する細い棒の形をした
　　　　　　 動物。長さは１０センチ前後で色は大体赤い
(注3) カタツムリ：雨が降るとよく現われる、壁などをゆっくり移動する動物。
　　　　　　　 背中に自分の家を載せている

3　この文章を書いた人が一番心配しているのは何か。

1　文明が発達すればするほど、他の生き物が消えてなくなりやすい。

2　文明が発達すればするほど、他の生き物は生きにくくなる。

3　他の生き物と共に生きられない発達は、いつかは不幸を招くおそれがある。

4　他の生き物が共に生きられないのは、環境汚染がかなり進んでいるからである。

（４）

　　「始まりが半分だ」という格言がある。何事も考えてばかりいないで、行動を始めるのが大事、という意味である。反対に、「半分終わるまでは始まったことにはならない」というのもある。片方は開始の大事さを、もう片方は継続の重要性を語っている。どちらを重く受け止めるべきかは、あなた次第(注)。何事も自らでよく判断して行うしかない。自分の人生は自分が責任を取るしかないからである。

(注) あなた次第：あなたの決定が大事だ・決定はあなたがするもの

4　この文章を書いた人が最も強調しているのは、次のうちどれか。

1　何事もとにかく始めることが大事だ。

2　始めるのはいつでもできるから、継続できる自信がある時に始める。

3　自分の人生だからこそ、任された事は責任もってしっかりやるべきだ。

4　自分の人生だからこそ、何でも自らの責任の下でよく判断して行うべきだ。

**問題 5** つぎの(1)と(2)の文章を読んで、質問に答えなさい。答えは、1・2・3・4から最もよいものを一つえらびなさい。

（1）

　　私たちはみんな時計を持っている。普通、各家庭には壁時計が必ず一つ以上ある。携帯電話の普及率もすでに100％を超えている。2台以上使っている人もけっこういるからだそうだ。当然それには時計が付いている。

　　電気釜(注1)にも電子レンジにも、また運転席やパソコンの画面にも時計があり、私たちは時計だらけの中で暮らしている。

　　仕事柄(注2)、海外へ出かけて取材することが多い私としては、街中の大きな時計の数で、住みやすい国か、そうでない国かを区別している。私の場合、腕時計(注3)もしているし、カメラにも携帯(注4)にも時計があるが、急ぐ時はそれすら見るひまがない。といっても、これはオーバーな言い方で、かばんを置いて時計を見ようとする前に、ぐるりと周りを見回すと、大時計が視野に入る場合がある。そういう便利な国が私は好きである。市民への配慮だと思うからである。

（注1）電気釜：電気の力でご飯を作るもの
（注2）仕事柄：仕事の都合上・仕事の関係で
（注3）腕時計：手首につける時計
（注4）携帯：「携帯電話」の短くなった名前

⑤ すでに100％を超えているとあるが、最大の理由は何か。

1 小さい子供も携帯電話を持っているから

2 携帯電話はとても安いから

3 携帯電話の普及率は人口をやや下回っているから

4 複数の携帯電話を使っている人も少なくないから

⑥ この文章を書いた人の職業として一番可能性が高いのはどれか。

1 時計店の店主

2 時計の修理工

3 ビジネスマン

4 ジャーナリスト

⑦ この文章の内容として正しくないものはどれか。

1 携帯電話の普及率は人口を上回っている。

2 私たちの周りは時計がたくさんある。

3 街に時計が少なくても住みやすい国がある。

4 この文章を書いた人は、市民への配慮を基準に、住みやすい国と、そうでない国を区別している。

（2）

今、日本の社会問題として、「少子化」というのがある。これは、文字どおり、生まれてくる子供の数が少なくなる現象を意味する。にもかかわらず、わずかながら(注1)総人口は増え続けている。「少子化」と「総人口の増加」は、一見(注2)矛盾して(注3)いるように見えるが、現実は大体①そうである。

この矛盾がどこからくるかと言うと、生まれる子供の数は確かに減っているのに、平均寿命(注4)が伸び続けているからである。もちろん、「少子化」がずっと続けば、いつかは総人口は減るしかなくなる。なぜかと言うと、平均寿命の増加は、今の医学では永遠に続くものではないからである。

②その問題よりも、今私がここで言いたいのは、「少子化」による産業活動の弱化、またそれによる老人に対する社会的負担の増加である。実際、日本はもう総人口の増加は止まり、減っていく国になっている。高齢化と少子化の波はますます高くなっており、未来は明るいとは言えなくなっている。(後略)

(注1) わずかながら：とても少しずつ
(注2) 一見：ちょっと見ると
(注3) 矛盾する：話の前後が合わない
(注4) 平均寿命：ある国の国民の、生まれてから死ぬまで生きる平均年数

8  ① <u>そうである</u>の内容として正しいのはどれか。

1 総人口（そうじんこう）は増え続けている。

2 社会問題が増え続けている。

3 矛盾（むじゅん）している。

4 少子化（しょうしか）が続いている。


9  ② <u>その問題よりも</u>とあるが、何の意味か。

1 少子化（しょうしか）の問題よりも

2 総人口（そうじんこう）が増える問題よりも

3 現代の医学がこれ以上発展しないことよりも

4 少子化（しょうしか）と総人口（そうじんこう）の増加（ぞうか）が続くことよりも


10  この文章の内容として正しくないものはどれか。

1 少子化（しょうしか）はまだ続いている。

2 総人口（そうじんこう）の増加（ぞうか）はもう止まり、少しずつ減りはじめている。

3 老人に対する社会的負担（ふたん）はわずかながら減ってきている。

4 平均寿命（へいきんじゅみょう）は伸び続けている。

**問題6** つぎの文章を読んで、質問に答えなさい。答えは、1・2・3・4から最もよい
ものを一つえらびなさい。

日本語は「発音の数がとても少ない」、という話があるが、すべての言語を
調べることはできないので、①この話がどこまで妥当（注1）かは言いにくい面が
ある。しかし、主な国際語と比べたら、それは言えなくもない。もちろん、
発音の数というのは、外国語を習う時の一つの比較であって、②毎日日本語を
使う日本人としては何の関係もない。何も不便を感じないからである。

ちょっと別の話だが、「日本語の特徴」や「日本人論」がよく話題になるのは、
アジアの小さな島国(国土の広い国の人からみれば)のがんばりが目立つからだ
と思う。家電製品・自動車などはもちろん、英語になった「karaoke」・「sushi」
・「karoushi」・「tsunami」・「judo」などの発信基地でもあるからであろう。

日本語の特徴として、もう一つよく話題になるのが「同音異義語（注2）」であ
る。漢字名詞にたくさん見られる同音異義語ではなく、固有語の話。例え
ば、「はし」と言ったら、「橋」・「箸」・「端」などがあり、ひらがなで書いたら区
別がつきにくい。「かえる」などは、「帰る」・「変える」・「返る」・「代える」・「蛙」
とあり、より難しい。もちろん、われわれが会話をする時は全体の「状況」があ
るので、意味上の混同はほとんど起きない。

学説は別として「発音の数が少ない」・「同音異義語が多い」という、日本語の
特徴は、漢字の導入によってだいぶ補われ、漢字を書くことによって、意味
が分かりやすくなっている。また、「カタカナ」のおかげで、固有語と外来語の
区別がしやすくなっている。その意味で漢字はとてもありがたい文字と言っ
てもいいと思う。

(権寧夫『私たちの知らなかった日本語』による)

(注1) 妥当（だとう）：適切（てきせつ）・正しい
(注2) 同音異義語（どうおんいぎご）：発音は同じだが意味が違う言葉

11 ① <u>この話</u>の意味は何か。

**1** 日本語は文法が難しい。

**2** 日本語は漢字を使う。

**3** 日本語は発音がやさしい。

**4** 日本語は発音が単調（たんちょう）だ。

12 ② <u>毎日日本語を使う日本人としては何の関係もない</u>とあるが、これはどういう意味か。

**1** 発音の数が少なくても日本人も外国語ができる。

**2** 発音の数を意識せず、日本人は自由に会話している。

**3** 発音の数が少ない日本語は外国語を習いにくい。

**4** 発音の数が少ない日本語の特徴（とくちょう）を知らなくても日本人は不自由しない。

13 この文章に書かれた「日本語の特徴（とくちょう）」として関係がないのはどれか。

**1** 日本語は発音の数が多くない。

**2** 日本語は難しい漢字をたくさん使っている。

**3** 日本語は文字体系（もじたいけい）が豊富（ほうふ）である。

**4** 日本語は同音異義語（どうおんいぎご）が多い。

14 この文章の内容として正しくないのはどれか。

1 固有語と外来語を区別して書けるのは日本語の特徴である。

2 日本語は同音異義語が多くて、会話をする時、混同を起こすこともよく
ある。

3 日本語の中の漢字の役割は大きい。

4 日本語の発音の数は、日本人同士なら特別な意味を持たない。

問題7　つぎのページは「ある大学のミニマラソン大会に関するお知らせ」である。つぎの
　　　　文章を読んで、下の質問に答えなさい。答えは１・２・３・４から最もよいもの
　　　　を一つえらびなさい。

15　この「ミニマラソン大会」の内容として正しいのはどれか。

　1　このミニマラソン大会は山本市がメインになって行う。

　2　男子も女子も10㎞コースを走ることができる。

　3　優勝賞金は20万円である。

　4　申込みはＥメールではできない。

16　次のうち、「ミニマラソン大会」に参加できない人はだれか。

　1　今休学中の女子学生

　2　現在在学中の男子学生

　3　卒業生で山本大学に勤めている50歳の男性教授

　4　市役所の職員で今年55歳の女性

# ★学内ミニマラソン大会のお知らせ★

山本大学設立100周年を迎えて、本大学と山本市が協力して「ミニマラソン大会」を行います。参加希望者は、以下の内容をよく読んで申請してください。

学長　宗隼人

1　大会日時：５月５日

2　場　　所：本大学の運動場と山本市内

　　コース１：本大学 ― 山本公園 ― 市役所 ― 本大学　１０㎞ (男女ともに可)

　　コース２：本大学 ― 山本公園 ― 小川キャンパス　５㎞ (女子のみ)

3　賞　　金：優勝３０万円、準優勝２０万円、三位１０万円

4　参加申込み

1) 原則として本大学在学生なら誰でも可

2) 休学中の学生

3) 卒業生で５５歳未満の男女

4) 申込み期間：４月１日〜４月２６日 (金・午後４時まで)

　　　＊大学事務局体育係まで

　　　＊直接申請・Ｅメール申請も締め切り時間は同様

　　　＊Ｅメール申請(yamamotuniv@itsumo.co.jp)の場合は、書類をPDFに変換すること

5) 提出書類

　　　① 健康確認書 (フォームは体育係にあり。健康に異常がないことの自己確認)

　　　② 大会出場申込書 (フォームは体育係にあり。写真３×４cm１枚必要)

　　　③ 学生証のコピー

　　　＊休学生は休学証明書を、卒業生は卒業証明書を添付すること

6) 大会当日の注意事項

　　　① 大会出場申込書のコピーを持って来ること

　　　② 走りやすい服装で大会当日、必ず８時３０分までに、第一講堂に着くこと

＊＊詳しくは 大学事務局体育係 (☎123-4567番) までどうぞ！

**問題4 つぎの(1)から(4)の文章を読んで、質問に答えなさい。答えは、1・2・3・4から最もよいものを一つえらびなさい。**

（1）

---

　UFO(注)をめぐって、それが本当に実在するかどうかという話ほど興味深いものもないだろう。「実在しない」と言う人が多い中、「見た」と言う人もいる。テレビなどでこの話題を取り上げると、関心がぐっと高まって視聴率が急に上がったりする。僕はその存在を信じている。小学校6年生の時に夜空に輝く飛行物体を直接見たことがあるからである。しかも考えられないほどの速さで移動したので、UFOの実在を確信しているのである。

(注) UFO(ユーフォー・ユーエフオー)：未確認飛行物体

---

1　この文章の内容として正しくないのはどれか。

**1** UFOは間違いなく存在する。

**2** UFOに関する放送が流れると、すぐに視聴率に変化が出る。

**3** ものすごい速さで移動する飛行物体を直接見たので、UFOの存在を信じるようになった。

**4** 夜空に輝く飛行物体を見た経験があるので、UFOの存在を信じている。

（2）

　「千里の堤（注）も蟻の穴から」という格言がある。長い長い堤も、とっても小さい蟻の穴によって壊れるという意味である。この間、150人も乗せた旅客機が地上に落ちる大惨事が起きたが、原因は一本の壊れたボルトにあったそうである。一言の失言で、長年築いてきた友情も、和やかな家庭も壊れたりする。大きなことも大事だが、日々の小さなことの重要性を、私たちはこの格言から学び取らなければならない。

（注）堤：湖や川の水があふれないように、土を高く積んたもの・堤防

2　この文章を書いた人が最も主張しているのはどれか。

**1** 小さな蟻の穴も不幸の原因となることがある。

**2** 大惨事を防ぐために、小さな部品の手入れを忘れてはならない。

**3** 一言の失言で家庭が壊れることもあるので、言葉づかいには気をつけるべきだ。

**4** 「先人の知恵をまとめた言葉」を重視する必要がある。

（3）

以下の文章は、加入者を募集する内容の案内文である。

---

　　平均寿命がぐんと伸びて男女共に80歳を超えているのに、会社で働けるのはまだまだ60歳ぐらいがほとんどです。退職金をもらっても、安全に投資できるところもそう多くありません。病気や事故、会社の倒産など、予期せぬ(注1)出来事も、現実には多々(注2)あります。1歳でもお若いうちに準備しないと、どんどん遅れてしまいます。(株)さくら火災は皆様のおそばで、皆様を応援いたしております。

(注1) 予期せぬ：予想できない
(注2) 多々：たくさん

---

3　上の案内文と一番関係が深いのは、次のうちどれか。

**1** 傷害保険の案内文

**2** 学資金を確保するための保険の案内文

**3** 老後に備えるための保険の案内文

**4** 自動車を運転する人のための保険の案内文

（4）

　　私たちは、普段、毎日誰かと対話をしながら生活を営んで(注1)います。対話をする目的は、普通は自分のことを分かってもらうためにする場合が多いと言えます。また、相手の話を聞いてあげるようなこともよくあります。人の話を聞いてアドバイスをしたり、時には喜びも悲しみも共に分かち合うこともあります。対話の目的とは言えない対話もあるのですが、それが人の話、噂(注2)なのです。人の話は、なるべくよい話を伝えるようにしたいものだと思います。

(注1) 営む：何かをする・行う
(注2) 噂：人に関する話

4　この文章には「人の話」が二回使われている。正しい組み合わせはどれか。

1　前の「人の話」— 自分の話、後の「人の話」— 相手の話

2　前の「人の話」— 自分の話、後の「人の話」— 第三者の話

3　前の「人の話」— 相手の話、後の「人の話」— 自分の話

4　前の「人の話」— 相手の話、後の「人の話」— 第三者の話

**問題 5** つぎの（1）と（2）の文章を読んで、質問に答えなさい。答えは、１・２・３・４から最もよいものを一つえらびなさい。

（1）

　　ことわざ(注1)は、その国・その民族の歴史が生んだ知恵だと私は信じる。自分の国のことわざにも気に入っているのがたくさんあるが、日本のことわざにもすばらしいものが少なくない。一番ありがたいと思っているのが「①短気は損気」である。これは「気が短いと、損しやすい」という意味で、結論を急いではよくない、という意味のことわざである。例えば、会社などで理解に苦しむようなことがあった場合、すぐに辞表を出したり(注2)すると、結局は判断ミスに終わりやすい、これが「短気は損気」なのである。似たようなことわざに、「言わぬが花」というのもある。「あまり結論を早く言ってしまわないで、黙っていなさい」という意味のことわざで、軽率な言動をしないように、私たちに忠告している。これらのことわざが好きになったのは、今までの自分の人生の中で、これらに当たるようなことが少なくなかったからである。②先人(注3)の知恵は、やはり守った方がいいと思う。少々消極的かもしれないが、それが安全な場合が多いように思うのである。

(注1) ことわざ：昔から言われている教訓・知恵などの内容を含んだ決まった言い方
(注2) 辞表を出す：会社に対し、仕事を辞める意思を書いて出す
(注3) 先人：昔の人

5  この文章で言う ① 短気は損気に当たる例として正しいものはどれか。

**1** 友だちとケンカした次の日、「昨日はごめん」と言った。

**2** 友だちとケンカした次の日、「もうお前とは二度と付き合わない」と言った。

**3** 仲の悪い友だちに、「一緒に映画見に行かない」と誘った。

**4** 仲のいい友だちに、「顔色が悪いね、どうしたの」と聞いた。

6  ② 先人の知恵と関係がないのはどれか。

**1** 太陽は東から出る。

**2** ことわざ

**3** 短気は損気

**4** 言わぬが花

7  この文章の内容として正しくないものかどれか。

**1** 結論は早く出すものではない。

**2** とにかく積極的に生きた方がいい。

**3** この文章を書いた人は、日本人ではない。

**4** この文章を書いた人は、早く結論を出して失敗したことがある。

（２）

　　何のために生きるかと聞かれたら、あなたは何と答えるでしょうか。すぐに答えられる人も、そうでない人もいるでしょう。私は、教えている学生たちに、このテーマを出して英作文(えいさくぶん)を書いてもらったことがあります。答えの中で最も多かったのが「幸せになるため」でした。また、同じやり方で「あなたは今幸せですか」と聞きましたら、一番多かった答えが「いいえ、幸せを感じていません」でした。次の週に、もう一回「幸せを感じられない理由・原因は何だと思いますか」と、出しましたら、ほとんどの人が「よく分かりません」でした。

　　次は私の番(ばん)(注1)でした。「聞いて、そうですか」では授業としてはおもしろくないわけですよね。「多分そう思うのは、幸せなのにそれに気づいていないからではないでしょうか」が私の主な台詞(せりふ)(注2)でした。また、もう少し付け加えた(つけくわ)(注3)のが、欲(よく)の出しすぎ・努力不足(ぶそく)などでした。

(注1) 番(ばん)：何かをする順番(じゅんばん)・順序(じゅんじょ)
(注2) 台詞(せりふ)：答え・説明
(注3) 付け加える(つけくわ)：プラスする・追加(ついか)する

8 この文章を書いた人の職業として一番可能性の高いものはどれか。

1 英語の先生

2 国語の先生

3 幸せの伝道師

4 哲学の教授

9 「聞いて、そうですか」では授業としてはおもしろくないわけですよねとあるが、それはどういう意味か。

1 作文の課題を出すだけで、それに関する話がないこと

2 作文の課題を出して、それに関する答えを提示すること

3 作文を読んで間違った訳に関して説明をしないこと

4 幸せの意味を十分説明しないこと

10 この文章の内容として正しくないものはどれか。

1 幸せを感じられないのは、努力が足りないせいである。

2 幸せを感じられないのは、欲を出しすぎるからである。

3 幸せを感じられないのは、幸せなのにそれを自ら感じていないからである。

4 努力さえすれば幸せになれる。

**問題6** つぎの文章を読んで、質問に答えなさい。答えは、1・2・3・4から最もよいものを一つえらびなさい。

---

　私たちは、今インターネットのおかげで①とても便利な生活ができる。まず、家の中で国内はもちろん、世界の動きも簡単に知ることができる。好きな音楽を聴けるし、いろいろな資料も調べられる。Eメールよりも便利な画像通信もOK。しかもただ。昔は、文盲(注1)が問題だったが、今はパソコン音痴(注2)だと、②それこそ損する時代である。

　パソコンの機能も日に日に向上し、撮った写真を自分でプリントすることも可能である。私の場合、デジタルカメラかスマートフォンで撮ったのを好きなように手を加えて自分の部屋で作ってしまっている。

　ところが最近、よい事だらけのはずのインターネット・パソコンに少し③不安を感じている。オレオレ詐欺(注3)はもともと電話金融詐欺だったが、最近は偽のサイト(注4)まで登場、金融事件が大型化している。また、名前も知らない人が載せた資料も信用できないのがたくさんあるそうだ。間違った情報なら、ないほうがいい。また、人のパソコンに侵入して資料を盗んだり、壊してしまうハッキングもおそろしい。安全な使用法を身につけるのも大変な作業だし、入力ミスで何ヶ月も苦労して作ってきた資料が消えてしまい、生きる意欲を失ったこともある。便利なはずのインターネット・パソコンがかえって私たちを疲れさせている。

(注1) 文盲：文字が読めない人・またそのこと
(注2) パソコン音痴：パソコンの使用法がよく分からない人
(注3) オレオレ詐欺：電話をかけ、嘘の情報を知らせてお金を送ってもらう行為
(注4) 偽のサイト：実在しない嘘のサイト

---

11 ① とても便利な生活ができるとあるが、内容として正しいのはどれか。

**1** インターネットにアクセスすれば何でもできる。

**2** インターネットにアクセスすれば何でも買える。

**3** インターネットにアクセスすれば国内外のニュースがすべて分かる。

**4** インターネットを使えば遠くの人と無料で顔を見ながら話ができる。

12 ② それこそ損する時代とあるが、何を損するのか。

**1** 無料なのにお金を払ってしまうこと

**2** とても便利な機能があるのに、使えないこと

**3** 好きな音楽が聴けるのに、聴かないこと

**4** ただでニュースを知ることができるのに、新聞を購読すること

13 ③ 不安を感じているとあるが、内容として正しくないのはどれか。

**1** 偽のサイト

**2** オレオレ詐欺

**3** ハッキング

**4** 載せた資料の不正確さ

14 この文章の内容として正しくないのはどれか。

**1** インターネットの使用範囲が拡大している。

**2** 入力ミスで資料が消えることもある。

**3** インターネット・パソコンは確かに便利だが、疲れを感じることもある。

**4** 大型金融事件を防ぐ必要がある。

問題7 つぎのページは「未婚男女の結婚意識調査」のアンケートの結果である。つぎの
文章を読んで、下の質問に答えなさい。答えは1・2・3・4から最もよいも
のを一つえらびなさい。

15 アンケートの結果として正しいのはどれか。

1 28歳までに結婚したいと思う人は女性が多い。

2 28歳までに結婚したいと思う人は男性が多い。

3 30歳までに結婚したいと思う男性は74％である。

4 30歳までに結婚したいと思う女性は72％である。

16 グラフの内容として言えることは何か。

1 独身を考えているのは女性の方が少ないことが分かる。

2 独身を考えているのは女性の方が多いことが分かる。

3 独身を考えているのは男性の方が多いことが分かる。

4 独身を考えている男女の％はあまり変わらないことが分かる。

二つのグラフは、今年２５歳の未婚男女、それぞれ５００人に、結婚に対する意識について行ったアンケートの結果である。グラフ(1)は男子、グラフ(2)は女子の結果である。A/a、B/b、C/c、D/dは以下のとおりである。

A/a　２８歳までには結婚したい

B/b　３０歳までには結婚したい

C/c　３１歳から３３歳の間に結婚したい

D/d　結婚するつもりはない

グラフ（１）　　　　　　　　　　　　グラフ（２）

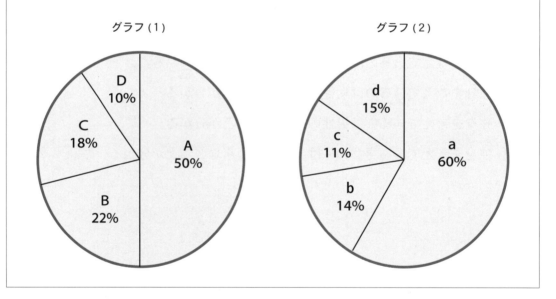

問題4　1 ②　2 ②　3 ③　4 ①　　問題5　5 ④　6 ③　7 ④　8 ②　9 ③　10 ④

問題6　11 ②　12 ③　13 ②　14 ①　問題7　15 ③　16 ②

---

**내용 이해 - 단문**

문제 4　다음 (1)에서 (4)의 글을 읽고, 질문에 답하시오. 답은 1·2·3·4에서 가장 알맞은 것을 하나 고르시오.

(1)

> 올해 여름은 아주 더웠다. 몇십 년만의 더위라고 텔레비전이나 인터넷에서 연일(注1) 보도되었다. 열사병(注2)으로 죽은 사람도 다수 나왔다. 또 북극의 빙하(注3)도 꽤 녹고(注4) 있다고 한다. 비가 오는 방식도 옛날과는 꽤나 달라지고 있다. 예상과는 관계 없이, 집중적으로 많이 내리므로 인적·물적 피해가 매우 크다. '지구 온난화'·'이상 기후(注5)'라는 말이 생긴 것도 이미 몇십 년 전의 일인데 아직도 그것을 해결하기 위한 인간의 노력은 부족하다. 이래서는 언제 어디에서 더욱 큰 재난이 와도 이상할 것이 없다. (후략)
>
> (注1) 連日 : 매일
>
> (注2) 熱中症 : 기온이 너무 높아서 생기는 몸의 이상
>
> (注3) 氷河 : 좀처럼 녹지 않는 거대한 얼음
>
> (注4) 解ける : 얼음이 온도에 의해 수분으로 바뀌고 점점 작아지는 것
>
> (注5) 異常気象 : 정상이 아닌 기상, 날씨

1　이 글의 내용과 관계가 먼 것은 어느 것인가?

1　더위 때문에 사망자가 많이 나왔다.

2　북극의 빙하가 녹아서 더워졌다.

3　지구온난화라는 말은 예전부터 있었다.

4　이상기후를 막기 위한 노력은 충분하지 않다.

---

今年 올해 | 夏 여름 | とても 아주, 매우 | 何十年 몇십 년 | ぶり ~만 | 暑さ 더위 | テレビ 텔레비전 | インターネット 인터넷 | 連日 연일, 매일 | 報道 보도 | 熱中症 열사병 | 死ぬ 죽다 | 人 사람 | 多数 다수 | 出る 나오다 | また 또 | 北極 북극 | 氷河 빙하 | だいぶ 꽤 | 解ける 녹다 | 言う 말하다 | 雨 비 | 降り方 내리는 방법 | 昔 옛날 | 変わる 바뀌다 | 予想 예상 | 関係 관계 | 集中的 집중적 | たくさん 많이 | 降る 내리다 | 人的 인적 | 物的 물적 | 被害 피해 | 大きい 크다 | 地球温暖化 지구 온난화 | 異常気象 이상 기후 | 生まれる 생기다 | 前 전 | まだまだ 아직 | 解決する 해결하다 | 人間 인간 | 努力 노력 | 足りない 부족하다 | いつ 언제 | どこ 어디 | 災難 재난 | おかしい 이상하다

(2)

> '일과 건강'에 관한 조사 결과를 읽었다. 일이라는 것은 너무 많아도 좋지 않지만, 너무 없어도 좋지 않다는 내용이었다. 일이 많으면 몸에 무리가 가 병이 날 가능성이 높지만, 너무 없어도 건강에 나쁘다는 내용이다. 정년퇴직하고 나서 갑자기 몸이 나빠지는 경우가 많은 것이 <u>하나의 좋은 예</u>라고 한다. 노후 준비로서 시간을 효과적으로 보낼 수 있는 취미 같은 것을 익혀 둘 필요가 있다고 말할 수 있을 것 같다.

**2** 하나의 좋은 예란 무엇을 의미하는가?

1 일이 너무 많아도 좋지 않은 예

2 일이 너무 없어도 좋지 않은 예

3 취미가 너무 없어도 건강한 예

4 정년퇴직해도 건강에 문제가 없는 예

仕事 일, 직업 | 健康 건강 | ～に関する ～에 관한 | 調査結果 조사 결과 | ～すぎる 너무 ～하다 | 体 몸 | 無理がかかる 무리가 가다 | 病気になる 병이 나다 | 可能性 가능성 | 悪い 나쁘다 | 定年退職する 정년퇴직하다 | ～てから ～하고 나서 | 急に 갑자기 | ケース 경우, 케이스 | 例 예 | ～そうだ ～라고 한다(전문) | 老後 노후 | 準備 준비 | 時間 시간 | 有効に 효과적으로, 유효하게 | 過ごす 보내다, 지내다 | 趣味 취미 | 身につける 배워 익혀서 제 것으로 만들다 | ～ておく ～해 두다, ～해 놓다 | 必要 필요 | ～そうだ ～일 것 같다, ～인 듯하다 | 意味 의미 | あまり 너무 | 元気だ 건강하다 | 問題 문제

(3) 다음 메일은 오하라 가즈유키 씨가 한국의 친구 박명진 씨에게 보낸 것이다.

> 수신자 주소 : yumenokuni@kokoro.co.jp
> 제목 : 잘 도착하였습니다!
>
> ---
>
> 박명진 씨, 안녕하십니까?
> 한국 방문 중에는 여러 가지로 신세를 져서 감사 드립니다. 바쁘신 가운데 여러 모로 안내해 주셔서 감사 드립니다. 오랜만(注)에 찾은 서울의 야경도 아름다웠고 갈비도 매우 맛있었습니다. 저는 토요일 밤 도쿄에 무사히 도착하였습니다. 내일부터 다시 일에 복귀합니다. 다음 달 출장 차 도쿄에 오시죠? 그때는 저희 집에 묵어 주십시오. 그럼 건강히 잘 지내시기 바랍니다.
> (注) 久々 : 오랜만

**3** 오하라 씨의 메일 내용과 맞지 않는 것은 어느 것인가?

1 오하라 씨는 한국 방문이 이번에 처음이 아니다.

2 오하라 씨가 한국에 와 있을 때 박명진 씨가 안내해 주었다.

3 오하라 씨는 한국에 와 있을 때 박명진 씨의 집에 묵었다.

4 박명진 씨는 다음 달 도쿄에 출장을 가기로 되어 있다.

つぎ 다음 | メール 메일 | 韓国 한국 | 友人 친구 | 送る 보내다 | あて先 수신자 주소 | 件名 건명, 제목 | 無事 무사히, 잘 | 訪問 방문 | ～中 ～(하는) 중 | いろいろと 여러 가지로, 여러 모로 | お世話になる 신세를 지다 | お忙しい中 바쁘신 중에, 바쁘신 가운데 | 案内する 안내하다 | ～ていただく ～해 주시다(～てもらう의 겸양표현) | 久々 오랜만 | ソウル 서울 | 夜景 야경 | きれいだ 예쁘다, 아름답다 | ～し ～하고, ～해서 | カルビ 갈비 | おいしい 맛있다 | 土曜 토요일 | 晩 밤 | 着く 도착하다 | 戻る 되돌아가(오)다 | 出張 출장 | 来られる 오시다 | 家 우리 집 | 泊まる 묵다, 머물다 | 初めて 처음 | ～てあげる (내가 남에게) ～해 주다

(4)

> 무병장수란 아무런 병도 앓지 않고 오래 사는 것을 말한다. 장수를 바라지 않는 인간 따위는 없다. 그러나 병이 나도 병을 잘 관리만 하면 얼마든지 오래 살 수 있다. 반대로 아주 건강한 사람이 갑자기 병이 나서 쓰러지는 일도 수는 적지만 간혹 있다. 내 주위에도 그런 사람이 몇 명인가 있어 놀란 적이 있다. 무병장수는 현실적으로는 좀처럼 없는 일이므로 병을 잘 관리하는 일에 관심을 가질 필요가 있을 것 같다.

**4** 이 글의 내용과 맞지 않는 것은 어느 것인가?

**1** 이 글을 쓴 사람의 주변에 갑자기 쓰러진 사람은 거의 없다.

**2** 무병장수를 바라지 않는 사람은 거의 없다.

**3** 만약 병에 걸렸어도 잘 관리하는 것이 중요하다.

**4** 무병장수는 현실에는 별로 없다.

無病長寿 무병장수 | 病気もせず 병도 앓지 않고 | 長生きする 오래 살다, 장수하다 | 望む 바라다 | 人間 인간 | よく 잘, 자주 | 管理 관리 | ～さえすれば ～만 하면 | いくらでも 얼마든지, 얼마라도 | できる 가능하다, 할 수 있다 | 反対に 반대로 | 倒れる 쓰러지다 | 数 수, 숫자 | 少ない 수가 적다 | たまに 가끔, 간혹 | 周り 주변, 주위 | 驚く 놀라다 | 現実 현실 | なかなか 좀처럼 | 上手に 능숙하게, 잘 | 関心を持つ 관심을 가지다 | ほとんど 거의 | もし 만약 | 大事だ 중요하다, 소중하다 | あまり 그다지, 별로

문제 5　다음 (1)과 (2)의 글을 읽고, 질문에 답하시오. 답은 1·2·3·4에서 가장 알맞은 것을 하나 고르시오.

(1)

　　스마트폰의 발명으로 이전에는 생각할 수 없었던 일이 가능해졌다.　인터넷은 물론 카메라와 녹음 기능 등 온갖 기능이 달려 있어 ①한번 쓰기 시작하면 사용을 중지하는 것은 거의 불가능하다.

　　'담배는 무리를 하면 끊을 수 있지만, 스마트폰의 사용을 중지하는 것은 절대 무리'라고 말하는 사람도 있을 정도다. 솔직히 담배도 그리 간단히 끊어지는 것도 아니라고들 말하는 가운데 스마트폰의 중독성도 표현할 수 없을 정도로 강한 것은 분명하다. 지갑을 집에 두고 외출한 경우, 전철 요금만 있으면 집에 되돌아가지 않지만, 스마트폰의 경우는 회사에 늦더라도 집에 가지러 가는 것이 보통이다. 이것은 스마트폰에 대한 중독보다도 ②조금 다른 견해도 가능하다. 거래처나 고객에게 걸려오는 전화를 받지 못하면 일이 안 된다. 스마트폰에 들어 있는 번호를 하나도 기억하지 못하는 가운데, 전화를 걸 수도 없다. 중독보다도 무서운 것은 일을 할 수 없는 것이다. 떨어뜨려도 여간해서는 고장　나지 않는 것이나 방수 기능이 강화된(注2) 것, 구부려서 주머니에 넣어도 문제 없는 스마트폰 등 스마트폰은 이미 우리 일상에서 없어서는 안 될 것이 되었다.

(注) 強化された : 강해졌다

5　① 한번 쓰기 시작하면 사용을 중지하는 것은 거의 불가능하다고 되어 있는데, 무엇이 거의 불가능한 것인가?

　1　인터넷을 쓰는 일
　2　카메라 기능을 쓰는 일
　3　녹음 기능 사용
　4　스마트폰 사용

6　② 조금 다른 견해도 가능하다의 의미로 가장 바른 것은 어느 것인가?

　1　인터넷 의존도가 너무 높다는 점
　2　스마트폰 의존도가 너무 높다는 점
　3　스마트폰 없이는 비즈니스가 불가능한 점
　4　스마트폰 없이는 생활이 불가능한 점

**1** 스마트폰에 대한 의존도를 줄여야 한다.

**2** 담배는 끊을 수 있지만 스마트폰 사용을 멈추는 것은 거의 불가능하다.

**3** 컴퓨터·스마트폰은 없으면 안 되는 것이 되었다.

**4** 스마트폰은 생활에서의 의존도나 필요성이 강해지고 있다.

---

スマートフォン 스마트폰 | 発明 발명 | 以前 이전 | 考える 생각하다 | 可能 가능 | インターネット 인터넷 | 〜はもちろん 〜은 물론 | カメラ 카메라 | 録音 녹음 | 機能 기능 | ありとあらゆる 온갖, 모든 | つく 붙다, 달리다 | 一回 한번 | 使う 사용하다, 쓰다 | 〜はじめる 〜(하)기 시작하다 | 使用 사용 | 中止 중지 | ほぼ 거의 | 不可能 불가능 | たばこ 담배 | 無理 무리 | やめる 그만두다, 끊다 | スマホ 스마트폰(줄임말) | 絶対 절대 | 言う 말하다 | 人 사람 | いる 있다 | くらい 정도 | 正直 솔직히 | 簡単に 간단하게, 쉽게 | 〜中 〜(하)는 가운데 | 中毒性 중독성 | 表現 표현 | できる 가능하다 | 強い 강하다 | 間違いない 틀림없다 | 財布 지갑 | 家 집 | 置く 두다, 놓다 | 出かける 외출하다, 집을 나서다 | 場合 경우 | 電車賃 전철 요금 | 戻る 돌아가다 | 会社 회사 | 遅れる 늦다 | 取る 가지다, 잡다 | 帰る (집에) 돌아가다 | 普通 보통 | 少し 조금 | 違う 다르다 | 見方 견해, 의견 | 取引先 거래처 | 客 손님 | かかってくる 걸려 오다 | 電話に出る 전화를 받다 | 仕事 일 | 入れる 넣다 | 番号 번호 | 一つ 하나, 한 개 | 覚える 기억하다 | かける 걸다 | 怖い 무섭다, 두렵다 | 落とす 떨어뜨리다 | なかなか 좀처럼 | 壊れる 망가지다 | 防水 방수 | 強化 강화 | 曲げる 구부리다 | ポケット 주머니 | 大丈夫だ 괜찮다 | われわれ 우리 | 日常 일상 | 離れる 떨어지다

(2)

젊은 사람 중에서 머리를 물들인(注1) 사람을 자주 볼 수 있게 되었다. 청년연합회가 실시한 앙케트 조사의 결과를 보면, 500명 중 40%인 200명이 머리를 물들인 경험을 가지고 있었다. 경험이 없는 사람이라도 10%의 사람이 '언젠가 물들여 보고 싶다'고 답하여, 약 절반의 사람이 '노랑머리파'(注2)인 것을 알 수 있었다.

한편, '머리를 물들이고 싶다고는 생각하지 않는다'고 답한 사람은 30%인 150명. '왜 그렇게 생각하는가?'에 대한 대답으로서 '보기 흉하니까'가 100명, '돈이 드니까'가 50명이었다.

'돈이 들어서'라고 답한 사람에게 '돈이 있으면 물들여 보고 싶은가?'라고 물었더니 전원이 '예'라고 대답하여, <u>'노랑머리파'인 사람은 결과적으로 60%에 이르는 것을 알 수 있었다.</u> 다만, 회사의 채용 담당자는 노랑머리를 부정적으로 생각하는 사람이 대부분이라는 별도의 조사 결과도 있으므로, 취직을 앞둔 사람은 참고로 해도 좋을 듯 싶다

(注1) 髪を染める : 머리 색을 바꾸다
(注2) 茶髪派 : 머리카락을 갈색으로 바꾼 사람들

8 '노랑머리파'인 사람은 결과적으로 60%에 이르는 것을 알 수 있었다라고 하는데, 60%라고 말할 수 있게 된 것은 왜인가?

1 머리를 물들인 경험자가 40%, '언젠가 물들여 보고 싶다'고 대답한 사람이 15%,

'돈이 있으면 물들여 보고 싶다'고 대답한 사람이 5%,이것들을 합친 결과

2 머리를 물들인 경험자가 40%, '언젠가 물들여 보고 싶다'고 대답한 사람이 10%,

'돈이 있으면 물들여 보고 싶다'고 대답한 사람이 10%,이것들을 합친 결과

3 머리를 물들인 경험자가 40%, '돈이 있으면 물들여 보고 싶다'고 대답한 사람이 20%이니까

4 머리를 물들인 경험자가 40%, '언젠가 물들여 보고 싶다'고 대답한 사람이 20%이니까

9 이 글의 내용과 맞는 것은 어느 것인가?

1 조사 대상은 20세 이상의 사람이다.

2 조사를 실시한 것은 미용연합회이다.

3 머리를 물들인 경험이 실제 있는 사람은 40%이다.

4 결과적으로 노랑머리를 좋아하지 않는 사람은 50%이다.

10 이 글을 쓴 사람이 젊은이에게 전하고 싶은 것은 무엇인가?

1 젊을 때라도 머리를 물들여서는 안 된다.

2 젊을 때는 여러 가지 일을 해 봐야 한다.

3 회사의 채용 담당자의 관심을 끌기 위하여 머리를 물들이는 것은 좋은 일이다.

4 머리를 물들이는 것이 좋더라도 입사 전에는 조심했으면 한다.

---

若い 젊다 | 髪を染める 머리(카락)을 물들이다 | よく 자주, 잘 | 見かける 눈에 띄다, 가끔 보다 | 青年連合会 청년연합회 | 実施する 실시하다 | アンケート調査 앙케트 조사 | ～中 ~중, ~가운데 | 経験 경험 | いつか 언젠가 | ～てみる ~해 보다 | 答える 대답하다 | 約 약 | 半数 반수, 절반 | 茶髪派 갈색머리파, 노랑머리파 | 一方 한편 | なぜ 왜, 어째서 | ～に対する ~에 대한 | みっともない 보기 흉하다, 꼴사납다 | お金がかかる 돈이 들다 | 聞く 묻다, 듣다 | 全員 전원 | 上る 이르다, 달하다 | ただ 단지, 다만 | 採用担当者 채용 담당자 | 否定的に 부정적으로 | 別の 다른, 딴 | 就職前 취직 전, 취직을 앞둔 | 参考にする 참고로 하다 | 色 색, 색깔 | 変える 바꾸다 | 髪の毛 머리카락 | 茶色 갈색 | 対象 대상 | 二十歳 스무살 | 以上 이상 | 美容 미용 | 実際 실제 | 時 시간, 때 | ～てはならない ~해서는 안 된다 | いろいろな 여러 가지, 다양한 | やる 하다 | ～べきだ (당연히) ~해야 한다 | 関心を引く 관심을 끌다 | 入社前 입사 전 | 気をつける 주의하다, 조심하다

**문제 6** 다음 글을 읽고, 질문에 답하시오. 답은 1·2·3·4에서 가장 알맞은 것을 하나 고르시오.

요즘 세상에(注1) '보험'을 모르는 사람은 ①과연 없겠죠. '보험'이란, ②'험한〈=난처한〉 상황을 맞이한 사람을 보호하는 것'이라고 말할 수 있을 겁니다.

세상에는 출생·합격·입사·결혼·개점·성공과 같은 경사스러운 일이 있는 반면에, 사망·불합격·정년퇴직·이혼·폐점·실패와 같은 기뻐할 수 없는 일도 있습니다. 전자(注2)를 플러스적인 일이라고 한다면 후자는 마이너스적인 일이 되겠죠. 다른 표현이라면 전자를 행복, 후자를 불행이라고도 말할 수 있습니다. 물론 후자 중에서 ②그것이라고 부를 수 없는 것도 있습니다. 사망·정년퇴직 같은 것은 이미 정해져 있는 일로서 인간의 노력에 의하여 막을 수 있는 것이 아닙니다. 시간이 지나면 누구라도 맞이할 수밖에 없는 일이기 때문입니다. 하지만 이 두 가지 예가 불의의(注3) 사고나 바라지 않는데 강제적으로 그렇게 된 경우에는 불행에 포함되겠죠.

'보험'은 이와 같은 불행을 맞이한 사람을 위하여 서로 도울 목적으로 미리(注4) 돈을 내는 기능을 가지고 있습니다. 즉 '보험'이란, 언젠가 어딘가에서 누군가가 그와 같은 일을 맞이한 경우를 상정하여(注5) 그 준비로서 돈을 모아 두는 행위인 것입니다.

세상에는 모두가 바라는 일도, 일어나지 않았으면 하는 일도 현실에는 있는 것입니다. 우리들은 그 때문에 '보험'을 생각해 낸 것이라고 말할 수 있습니다.

(注1) 今時 : 지금에 와서는, 지금은

(注2) 前者 : 앞의 일, 앞에 나온 이야기, 반대말은 後者(후자)

(注3) 不意の : 전혀 예상하지 못한, 예상 밖의

(注4) 前もって : 어떤 기뻐할 수 없는 일이 일어나기 전에

(注5) 想定する : 어떤 일이 일어나리라고 가정하다

11 ① 과연 없겠죠라고 하는데, 이것은 어떤 의미인가?

1 '보험'을 모르는 사람도 조금은 있다.

2 '보험'을 모르는 사람은 거의 없다.

3 '보험'을 모르는 사람은 있을지도 모르고 없을지도 모른다.

4 '보험'을 모르는 사람이 있을 없을지 그것은 알 수 없다.

12 이 글에 따르면 반드시 ② 험한〈=난처한〉 상황이라고 단정하기 어려운 예는 어느 것인가?

1 불합격

2 이혼

3 정년퇴직

4 실패

13 ③ 그것이 가리키는 말은 어느 것인가?

1 행운

2 불행

3 전자

4 후자

14 이 글의 내용으로서 알맞지 않은 것은 어느 것인가?

1 불행을 미리 막기 위하여 '보험'은 고안되었다.

2 난처한 일을 맞이한 사람을 위하여 '보험'이라는 것이 생겼다.

3 바라지도 않았던 일과 '마이너스적인 일'은 같은 의미이다.

4 '정년퇴직'은 반드시 불행이라고 말할 수 없다.

今時 요즘 세상에, 지금쯤 | 保険 보험 | 知る 알다 | さすがに 정말이지, 역시, 과연 | 険しい 험하다 | 困難だ 곤란하다, 난처하다 | 状況 상황 | 迎える 맞이하다 | 保護する 보호하다 | 世の中 세상 | 出生 출생 | 合格 합격 | 結婚 결혼 | 開店 개점 | 成功 성공 | 喜ばしい 경사스럽다, 기쁘다 | 反面 반면 | 死亡 사망 | 不合格 불합격 | 退職 퇴직 | 離婚 이혼 | 閉店 폐점 | 失敗 실패 | 前者 전자 | プラス的 플러스적, 긍정적 | 後者 후자 | マイナス的 마이너스적, 부정적 | 別の言い方 다른 표현 | 幸 행, 행복 | 不幸 불행 | もちろん 물론 | 呼ぶ 부르다 | 決まる 정해지다 | 時が経つ 시간이 지나다 | 〜しかない 〜밖에 없다 | ところが 그런데 | 例 예 | 不意の 불의의 | 事故 사고 | 望む 바라다, 기대하다 | 強制的に 강제적으로 | 場合 경우 | 含まれる 포함되다 | 助け合う 서로 돕다 | 目的 목적 | 前もって 미리 | お金 돈 | 出し合う 서로 내다 | 働き 작용, 기능 | つまり 즉, 결국 | 想定する 상정하다, 가정하다 | 集める 모으다 | 行為 행위 | 起きる 일어나다, 발생하다 | 〜てほしい 〜하기를 바라다 | 現実 현실 | 考え出す 생각해 내다, 고안해 내다 | 言葉 말, 단어 | 全然 전혀 | 予想外 예상 외 | ある 어느, 어떤 | 事前に 사전에, 미리 | 仮定する 가정하다 | 〜かもしれない 〜일지 모르다 | 必ずしも 반드시 | 断定する 단정하다 | 指す 가리키다 | 幸せ 행운, 행복, 운 | 不幸せ 불행, 불운 | 生まれる 태어나다, 생기다 | 同じだ 같다, 마찬가지다

문제 7  다음 페이지는 어느 커피숍의 '할인 캠페인'의 내용이다. 다음 글을 읽고, 아래의 질문에 답하시오. 답은 1·2·3·4에서 가장 알맞은 것을 하나 고르시오.

[15] 초코크림커피의 평소 가격은 400엔인데, 일요일 오후 1시에 가면 얼마가 되는가?

1  325엔

2  340엔

3  360엔

4  380엔

[16] 요시코 씨는 얼마 전 수요일, 친구인 준코 씨와 이 커피숍에서 오후 1시 40분쯤 만나, 350엔짜리 토스트를 2인분 주문하였다. 약 30분 후, 두 사람은 300엔짜리 블랙커피를 마셨다. 준코 씨의 생일이라, 이 날은 요시코 씨가 대접해 주었다. 요시코 씨는 이 날 전부 해서 얼마를 썼는가?

1  1,240엔

2  1,270엔

3  1,280엔

4  1,300엔

---

### ★ 아메리카노 커피숍, 봄철 할인 대 캠페인 ★

따사로운 봄의 신학기를 맞이하여 오랫동안 신세를 진 고객분들께 감사의 마음을 담아서 3월, 1달 동안 특별 할인 감사 세일을 실시합니다.

3월 1일부터 3월 31일까지 모든 요금은 아래와 같습니다

|  | 오전 8시~12시 | 오후 2시~7시 | 밤 7시~9시 |
|---|---|---|---|
| 음료 | 10% | 5 % | 5% |
| 식사& 빵 | 15% | 10% | 5% |

* 단, 런치타임인 12시~오후 2시는, 평상시와 같은(注) 요금이 되겠습니다.

공휴일과 토요일·일요일은 런치타임도 포함해서 전 상품을 아래와 같이 봉사하고 있습니다!

|  | 오전 8시~12시 | 오후 12시~7시 | 밤 7시~9시 |
|---|---|---|---|
| 음료 | 15% | 10% | 10% |
| 식사& 빵 | 20% | 15% | 10% |

(注) 平常どおり : 평소와 같은, 평상시와 같은

コーヒーショップ 커피숍｜割引 할인｜キャンペーン 캠페인｜チョコクリームコーヒー 초코크림커피｜値段 값, 가격｜日曜日 일요일｜午後 오후｜いくら 얼마｜この間 며칠 전, 요전｜～ごろ ～쯤, ～경｜トースト 토스트｜二人分 2인분｜頼む 부탁하다, 주문하다｜約 약｜ブラックコーヒー 블랙커피｜誕生日 생일｜おごる 한턱내다｜全部で 전부 해서｜使う 사용하다｜アメリカノ 아메리카노｜春 봄｜暖かだ 따뜻하다, 따사롭다｜新学期 신학기｜長年 오랫동안, 여러 해｜お世話になる 신세를 지다｜お客様 손님｜感謝 감사｜気持ち 기분, 마음｜込める 담다｜特別 특별｜セール 세일, 판매｜実施いたす 실시하다(いたす는 する의 겸양어)｜すべて 전부, 모두｜料金 요금｜以下のとおり 이하와 같이, 아래와 같이｜させていただく 하다(する의 겸양표현)｜午前 오전｜夜 밤｜お飲み物 음료, 마실것｜お食事 식사｜パン 빵｜ただし 단｜ランチタイム 런치타임, 점심시간｜平常 평소, 보통｜～どおり ～대로｜公休日 공휴일｜含める 포함하다｜全商品 전 상품, 모든 상품｜ご奉仕 봉사｜注文する 주문하다｜いつも 평소, 항상

**내용 이해 - 단문**

문제 4　다음 (1)에서 (4)의 글을 읽고, 질문에 답하시오. 답은 1·2·3·4에서 가장 알맞은 것을 하나 고르시오.

(1)

> 개보다 충성심이 강한 동물은 없다. 주인을 위기에서 구했다고 하는 이야기는 어느 나라에나 있다. 그래서 모두가 '충견'이라고 부르는 것인지도 모른다. 얼마 전 뉴스에서 들었는데, 집을 헐어서 다시 짓는 동안 개를 돌볼 수가 없어서(注) 500km나 떨어진 여동생 집에 개를 데리고 가서 거기에 두고 왔는데, 2주일 후 그 개가 걸어서 돌아왔다는 것이다. 개는 충성심보다도 어떤 의미로 머리가 좋은 동물이다.
>
> (注) 面倒をみる : 귀여워하며 보살피다

1　이 글의 내용과 관계가 적은 것은 어느 것인가?

　**1** 개가 주인을 구한 이야기는 동양의 나라에도 서양의 나라에도 있다.

　**2** 일반적으로 개는 충성심이 강한 동물로 알려졌다.

　**3** 요전번 뉴스에서 개의 충성심이 더욱 화제가 되었다.

　**4** 개는 충성심보다도 머리가 좋다는 관점에서 봐도 좋은 동물이다.

---

犬 개 | ～より ～보다 | 忠誠心 충성심 | 強い 강하다 | 動物 동물 | 主人 주인 | 危機 위기 | 救う 구하다 | 話 이야기 | 国 나라, 국가 | それで 그래서 | みんな 모두 | 忠犬 충견 | ニュース 뉴스 | 取り壊す (건물 따위를) 헐다 | 建て直す 새로 짓다, 다시 짓다 | 間 사이 | 面倒をみる 보살피다, 돌보다 | ～キロ ～킬로미터, ～km | 離れる (거리가) 떨어지다, 벗어나다 | 妹 여동생 | 連れて行く 데리고 가다 | 置く 놓다, 두다 | 歩く 걷다 | 意味 의미 | 頭がいい 머리 좋다 | かわいがる 귀여워하다 | 世話をする 보살피다, 돌보다 | 関係 관계 | 薄い 얇다, 관계가 적다 | 東洋 동양 | 西洋 서양 | 一般に 일반적으로 | 知られる 알려지다 | さらに 더욱더 | 話題 화제 | 観点 관점 | ～てもいい ～해도 좋다

(2)

> 　글자라는 것은 써서 읽는 것이고, 이것을 이상하다고 생각하는 사람은 없을 것입니다. 기계 문명의 발달에 따라 우리들은 글자를 잘 쓰지 않게 되었습니다. 글자는 쓰는 것이라기보다도 치는 것이라고 인식하는 사람도 많은 모양입니다. 연하 엽서의 마지막 부분에 이름을 쓰거나, 카드로 지불하고 사인을 하는 정도가 대부분이라고 대답하는 사회인도 상당히 많은 것 같습니다. 글자를 쓰는 것은 초중고생이나 대학생, 기계를 사용할 수 없는 노인 정도가 되어 버린 것 같습니다.

**2** 글자를 잘 쓰지 않게 되게 된 이유로 맞는 것은 어느 것인가?

**1** 기계가 발달하여 쓰기보다 읽기가 중요해졌기 때문에

**2** 기계가 발달하여 기계의 사용법을 익혀야 하기 때문에

**3** 기계가 발달하여 쓰는 대신에 기계에 입력하는 기회가 늘어났기 때문에

**4** 사회에 나가면 여유를 가지고 글자를 쓸 수 없기 때문에

字 글자, 글씨 | 書く 쓰다 | 読む 읽다 | おかしい 이상하다 | ～はずだ (당연히) ～할 것이다 | 機械文明 기계 문명 | 発達 발달 | ～により ～에 따라 | あまり 그다지, 별로, 잘 | 打つ 치다, 두드리다 | 認識する 인식하다 | ～ようだ ～인 것 같다, ～인 듯하다 | 年賀はがき 연하 엽서 | 最後 최후, 마지막 | 名前 이름 | カード 카드 | 支払う 지불하다 | サイン 사인 | ぐらい 정도 | ほとんど 거의, 대부분 | 答える 대답하다 | 社会人 사회인 | かなり 상당히, 꽤 | 生徒 (초중고) 학생 | 学生 학생, 대학생 | 年寄り 노인 | 理由 이유 | 使い方 사용법 | 身につける 배워 익혀서 제 것으로 만들다 | いけない 좋지 않다, 안 되다 | 代わりに 대신에 | 入力する 입력하다 | 機会 기회 | 増える 늘다 | 社会に出る 사회에 나가다 | ゆっくり 천천히, 여유 있게 | 余裕 여유

(3) 다음 메일은 권영부 씨가 일본의 지인 오미나토 가즈히사 씨에게 보낸 것이다.

> 수신자 주소 : yumenokuni@darakwon.co.jp
>
> 건명 : 잘 지내시는지요?
>
> ───────────────────────────────
>
> 　오미나토 씨, 안녕하신지요?
>
> 　요전 도쿄에서의 출판 기념 파티는 매우 훌륭했습니다. 제가 쓴 하찮은 책을 위하여 많은 분들이 와 주셔서 감동하였습니다. 특히 귀사(注1) 사장님 내외(注2)가 오시리라고는 꿈에도 생각하지 못했습니다. 제 쪽에서도 사진을 몇 장인가 찍었으니 되는 대로(注3) 보내 드리겠습니다. 언젠가 서울에 오실 일이 있으시면 부디 말씀해 주십시오. 기다리고 있겠습니다. 그러면 안녕히 계십시오.
>
> 권영부
>
> (注1) 御社 : 귀사, 당신의 회사
>
> (注2) ご夫妻 : 남편과 부인, 부부
>
> (注3) でき次第 : 완성되면 바로, 완성되면 즉시

③ 이 메일을 쓴 사람은 무엇이 가장 기뻤는가?

1 출판 기념 파티에 참가자가 많았던 점

2 자신이 쓴 책의 출판 기념 파티였던 점

3 찍은 사진 중에 재미있는 것이 많이 있는 점

4 출판사 사장과 부인이 함께 파티에 참가한 점

---

つぎ 다음 | メール 메일 | 知人(ちじん) 지인, 아는 사람 | 送る(おくる) 보내다 | あて先(さき) 수신자 주소 | 件名(けんめい) 건명, 제목 | 出版記念(しゅっぱんきねん)パーティー 출판 기념 파티 | すばらしい 멋지다, 훌륭하다 | つまらない 하찮다, 시시하다 | たくさん 많음, 많이 | 方々(かたがた) 여러분들 | ～てくださる ~해 주시다 | 感動(かんどう)する 감동하다 | 特に(とくに) 특히 | 御社(おんしゃ) 귀사 | 社長(しゃちょう) 사장 | ご夫妻(ふさい) 부처, 부부, 내외 | お見えになる(みえになる) 오시다 | 夢(ゆめ) 꿈 | 方(ほう) 쪽, 편 | 写真を撮る(しゃしんをとる) 사진을 찍다 | できる 되다, 완성되다 | ～次第(しだい) ~하는 대로 | ソウル 서울 | ぜひ 꼭, 반드시 | 声をかける(こえをかける) 말을 걸다 | 貴社(きしゃ) 귀사 | ご主人(しゅじん) 남편 | 奥様(おくさま) 부인 | 夫婦(ふうふ) 부부 | すぐに 바로, 곧 | 間もなく(まもなく) 머지않아, 곧 | 一番(いちばん) 가장, 제일 | うれしい 기쁘다 | 参加者(さんかしゃ) 참가자 | おもしろい 재미있다 | 一緒に(いっしょに) 함께, 같이

(4)

> '병행족(ながら族)'이라는 말이 생긴 것은 몇십 년이나 전의 일로, 의미는 '~을 하면서 ~을 하는 족 = 사람들'이다. 실은 나도 학창시절 보통 사람보다 훨씬(注) 병행족(ながら族)이었다. 그러나 이미 50을 넘긴 지금, 과거 일을 생각하면 그것은 결코 좋았다고는 말할 수 없다고 생각한다. 두 가지 일을 동시에 처리한다는 것은 이상이고 효율적이지 않다. 운전을 하면서 스마트폰을 사용하는 것은 효율은 고사하고 너무나도 위험천만한 일이다. (후략)
>
> (注) 人一倍(ひといちばい) : 보통 사람보다 훨씬

④ 이 글은 '후략'으로 되어 있고 뒤의 문장이 없다. 이 글의 내용으로 보아, 뒤에 이어질 수 있다고 여겨지는 내용은 다음 중 어느 것인가?

1 두 가지 일을 동시에 처리하기 위한 궁리를 우리는 해야 한다.

2 두 가지 일을 동시에 하는 것은 효율도 좋지 않은데다가 위험하기도 하다. 따라서 가능한 한 그만뒀으면 한다.

3 두 가지 일을 동시에 하는 것은 효율은 좋아질지 모르지만, 위험해서 권하고 싶지 않다.

4 해야 할 일이 너무 많은 현대는, 좀 위험하더라도 가능한 한 두 가지 일을 동시에 할 수 있도록 평소부터 연습해 두어야 한다.

---

ながら族(ぞく) 병행족 | 言葉(ことば) 말, 언어 | できる 생기다 | ～ながら ~하면서 | 実は(じつは) 실은 | 僕(ぼく) 나 | 学生時代(がくせいじだい) 학창시절 | 人一倍(ひといちばい) 보통 사람보다 훨씬, 남보다 배 | 過ぎる(すぎる) 지나다 | 過去(かこ) 과거 | 決して(けっして) 결코, 절대로 | 同時に(どうじに) 동시에 | 処理する(しょりする) 처리하다 | 理想(りそう) 이상 | 効率(こうりつ) 효율 | 悪い(わるい) 나쁘다 | スマートフォン 스마트폰 | 運転する(うんてんする) 운전하다 | ～どころか ~은 고사하고, ~는커녕 | あまりにも 너무나도 | 危険すぎる(きけんすぎる) 너무 위험하다 | 後略(こうりゃく) 후략 | 普通(ふつう) 보통 | ずっと 훨씬 | 後(あと) 뒤, 나중 | 文(ぶん) 글, 문장 | 続く(つづく) 이어지다, 연결되다 | ～やすい ~하기 쉽다 | 次のうち(つぎのうち) 다음 중 | 工夫(くふう) 궁리, 고안 | われわれ 우리 | ～なければならない ~하지 않으면 안 된다, ~해야 한다 | ～上(うえ) ~한 데다가 | できるだけ 가능한 한, 될 수 있는 한 | 止める(やめる) 그만두다 | 勧める(すすめる) 권하다 | 現代(げんだい) 현대 | 少々(しょうしょう) 좀, 조금, 잠시 | ふだん 평상시, 평소 | 練習する(れんしゅうする) 연습하다

문제 5   다음 (1)과 (2)의 글을 읽고, 질문에 답하시오. 답은 1 · 2 · 3 · 4에서 가장 알맞은 것을 하나 고르시오.

(1)

'リストラ(注1)'라는 외래어가 쓰이기 시작한 것도 꽤 이전의 일인데, 원래의 영어 의미를 나는 정확히 모른다. 다만, 기업이나 회사를 재건하기 위한 '인원 삭감(注2)'이라는 식으로 추측하고 있을 뿐이다.

'추측하는' 이유는 사전이 없어서도 아니고 조사하는 것이 귀찮아서도 아니다. 이 말을 읽거나 듣거나 하여, 긍정적인 느낌이 들지 않기 때문에 조사하지 않고 있을 뿐이다. 또 한 가지 이유는 포털 사이트(portal site)나 텔레비전 뉴스에서 이 말을 접했을 경우, 문장 전후로 ①내가 추측한 대로의 뉘앙스로 분명히 되어 있기 때문이다.

나의 추측이 만약 맞는 것이라면, 문제는 '왜' 이 말이 항상(注3) 쓰이는가 하는 것이다. 내가 이 말의 스펠링(注4)과 의미를 정확히 모르는 것보다, ②그것이 좀 더 마음에 걸리는 것이다.

(注1) リストラ : 리스트럭처링(restructuring), 경영이 잘 되지 않는 기업을 재편성하는 것

(注2) 人員削減 : 사원을 줄이는 것

(注3) しょっちゅう : 늘·항상

(注4) 綴り : 영어 스펠링(spelling)

5   ① 내가 추측한 대로의 뉘앙스로 분명히 되어 있기 때문이라고 하는데, 이것은 어떤 의미인가?

1 구조 조정이 '기업을 일으키다'라는 의미이기 때문에

2 구조 조정이 '사람을 줄이다'라는 의미이기 때문에

3 구조 조정이 '설비를 늘리다'라는 의미이기 때문에

4 구조 조정이 '사람을 줄이고 설비를 늘리다'라는 의미이기 때문에

6   ② 그것이 가리키는 것은 무엇인가?

1 사람을 줄이는 것

2 사람을 늘리는 것

3 추측하는 것

4 사전을 조사하지 않는 것

7   이 글을 쓴 사람에 관한 내용으로서 맞는 것은 어느 것인가?

1 이 글을 쓴 사람은 신문보다 포털 사이트의 기사를 자주 읽는다.

2 이 글을 쓴 사람은 '구조 조정'의 의미를 모르는 것은 아니다.

3 이 글을 쓴 사람은 귀찮은 것이 싫은 사람이다.

4 이 글을 쓴 사람은 추측하는 것을 좋아한다.

リストラ 구조 조정 | 外来語 외래어 | ～はじめる ～하기 시작하다 | だいぶ 상당히, 꽤 | 元 원래, 본래 | 英語 영어 | 正確に 정확히 | ただ 단, 단지 | 企業 기업 | 建て直す 다시 세우다, 재건하다 | 人員削減 인원 삭감 | ふう 방법, 식 | 推測する 추측하다 | 辞書 사전 | 調べる 조사하다, 알아보다 | 面倒くさい 아주 귀찮다, 아주 성가시다 | プラス的 플러스적, 긍정적 | 感じがする 느낌이 들다 | ポータルサイト 포털 사이트 | テレビ 텔레비전, TV | 接する 접하다 | 場合 경우 | 前後 전후 | ～どおり ～한 대로 | ニュアンス 뉘앙스 | ちゃんと 확실히, 정확하게 | もし 만약 | 正しい 바르다, 맞다 | どうして 왜, 어째서 | しょっちゅう 늘, 항상 | 綴り 철자, 스펠링 | 気になる 마음에 걸리다, 신경 쓰이다 | 経営 경영 | うまくいかない 잘 되지 않다 | 再編成する 재편성하다 | 社員 사원 | 減らす 줄이다 | 常に 항상 | 起こす 일으키다 | 設備 설비 | 増やす 늘리다 | 関する 관계하다 | 新聞 신문 | 記事 기사 | よく 자주, 잘 | 面倒だ 귀찮다, 번거롭다 | いやだ 싫다

(2)

> 이시카와 군
>
> 안녕하세요? 저는 고등학교 2학년 때 학급위원(注1)이었던 모리타입니다.
>
> 고등학교를 졸업한지 벌써 22년째를 맞이했군요. 2학년 2반 22명의 급우가 2019년 2월 22일 오후 2시에 모교의 교정에서 만나자는 약속을 한 것, 이시카와 군도 기억하고 있습니까?
>
> 그 후 연락이 되는 사람과 안 되는 사람이 있었는데, 이시카와 군은 바로 얼마 전 미국에서 돌아온 듯하더군요. 15년만이라고 들었습니다. 가끔 만나는 나가시마 군에게 이시카와 군의 이야기와 이메일 주소를 입수하였습니다.
>
> 당시 담임인 다나카 선생님은 재작년에 정년퇴직하시고 시골에 돌아가 농사를 지으면서 생활하고 계십니다.
>
> 잘 풀린 급우도 그렇지 않은 사람도 있습니다만, 전원 건강하니 다행이라고 생각합니다. 이번에 만나면 옛날에 수학여행에서 일어났던 그 '유령(注2) 사건'에 관한 이야기 등, 그리운 옛날로 돌아갈 수 있으리라 생각합니다.
>
> 참가는 물론이고 그 전에 근황이라도 한마디 알려 주십시오.
>
> (注1) 学級委員 : 반 대표
> (注2) 幽霊 : 죽은 사람의 영

**8** 이 글을 쓴 목적과 종류로 알맞은 것은 어느 것인가?

**1** 동급생의 결혼을 알리는 안내장

**2** 동급생의 개점을 알리는 이메일

**3** 반창회를 알리는 이메일

**4** 최근의 상황에 관한 이메일

**9** 이 글의 설명으로 맞는 것은 어느 것인가?

**1** 이것은 모리타라는 사람이 나가시마 군에게 보낸 것이다.

**2** 이것은 대학 동창회의 공지이다.

**3** 이 글을 받은 사람은 오랫동안 해외에 있었다.

**4** 이 글을 쓴 사람은 졸업 이후 나가시마 씨와 한번도 만나지 않았다.

**10** 이 글을 쓴 사람이 가장 전하고 싶은 이야기는 다음 중 어느 것인가?

**1** 동급생 모임에 꼭 참가했으면 하는 것

**2** 동급생 모임에서 '유령 사건'에 관한 이야기를 꼭 들려줬으면 하는 것

**3** 동급생 전원이 건강하게 있는 것

**4** 담임 선생님은 이미 정년퇴직하신 것

---

元気だ 건강하다 | 学級委員 학급위원, 반 대표 | 高校を出る 고등학교를 졸업하다 | ～目 ～째 | 迎える 맞이하다 | ～年～組 ～학년 ～반 | クラスメート 클래스 메이트, 반 친구 | 母校 모교 | 校庭 교정 | 約束 약속 | 覚える 기억하다, 외우다 | その後 그 뒤, 이후 | 連絡が取れる 연락이 취해지다, 연락이 되다 | つい最近 바로 얼마 전 | アメリカ 미국 | ～みたいだ ～인 것 같다, ～인 듯하다 | ～ぶり ～만 | たまに 가끔 | Eメール 이메일(e-mail) | アドレス 어드레스, 주소 | 入手する 입수하다 | 当時 당시 | 担任 담임 | おととし 재작년 | 定年退職する 정년퇴직하다 | 田舎 시골, 고향 | 農作業 농사 | 暮らす 살다, 지내다, 생활하다 | いらっしゃる 계시다(いる의 존경어) | うまくいく 일이 잘 되다, 잘 나가다 | 級友 급우, 반 친구 | 全員 전원 | 何より 무엇보다도, 최상의, 큰 다행 | 今度 이번, 다음 번 | 昔 옛날, 예전 | 修学旅行 수학여행 | 起きる 일어나다, 발생하다 | 幽霊 유령 | 事件 사건 | 懐かしい 그립다 | 参加 참가, 참석 | もちろん 물론 | 近況 근황 | 一言 한마디 | 知らせる 알리다 | 代表 대표 | 死ぬ 죽다 | 霊 영, 정신, 혼 | 目的 목적 | 種類 종류 | 同級生 동급생 | 結婚 결혼 | 案内状 안내장 | 開店 개점 | クラスメート会 반창회 | 状況 상황 | 説明 설명 | 同窓会 동창회 | 知らせ 알림, 통지, 공지 | もらう 받다 | 長年 오랫동안, 여러 해 | 海外 해외 | 卒業 졸업 | 以来 이래, 이후 | 伝える 전하다 | 集まり 모임 | ぜひ 꼭 | ～てほしい ～하기를 바라다 | 聞かせる 들려주다

**문제 6** 다음 글을 읽고, 질문에 답하시오. 답은 1·2·3·4에서 가장 알맞은 것을 하나 고르시오.

---

안도 씨

매일 대단히 더운 날이 계속되고 있습니다만, 잘 지내시는지요? 앞으로 얼마 안 있으면 1학기가 끝나려고 합니다만, 아직 ①이곳 생활에는 충분히 익숙해지지 못한 기분이 듭니다. 역시 배우는 일과 가르치는 일은 꽤나 다르군요. 학생들에게 일본어 문법이나 뉘앙스를 정확히 이해시키는 일은 힘드네요.

하지만 매일 학생들과 같이 생활하는 것은 매우 즐겁습니다. 일본에서의 6년간의 유학 생활이 때때로 생각이 나, 한가한 때는 추억의 사진을 보기도 합니다.

그런데 7월 27일(수) 도쿄에서 학회가 있는데, 저는 기말 시험과 채점(注1) 관계로 ②27일의 학회에는 참가할 수 있을 것 같지 않습니다. 현재로서는 28일 점심 무렵 나리타에 도착하여, 구단시타(注2)의 행사장에는 오후 4시쯤에 도착할 수 있을 것 같습니다. 이 이야기를 가야마 선생님께 전해 주시지 않겠습니까? 또한 첫날 배포되는 논문 자료도 제 몫까지 대신 받아 주시지 않겠습니까? 비즈니스 호텔 쪽도 이틀간 정확히 예약되어 있는지 재확인 부탁 드립니다. 부탁만 드려서 죄송합니다.

다행히(注3) 제 발표는 학회 3일째인 마지막 날이므로 발표에 임하는 것은 가능합니다. 이번 학회의 주제 'れる·られる에 보이는 일본인의 언어 습관'은 대단히 흥미로운 주제이므로, 어떤 발표가 될지 벌써부터 기대가 됩니다. 메일을 쓰려고 했지만, PC가 고장 나 버려 팩스로 실례했습니다. 그러면 학회에서 만납시다.

00년 7월 15일  황영복

(注1) 採点 : 시험이 끝난 다음 점수를 매기는 일

(注2) 九段下 : 도쿄 지명의 하나

(注3) 幸い : 운 좋게

---

11 ① 이곳 생활에는 충분히 익숙해지지 못한 기분이 듭니다라고 하는데, 이것은 왜인가?

**1** 매일 대단히 더운 날이 계속되고 있기 때문에

**2** 앞으로 얼마 안 있으면 1학기가 끝나려고 하고 있기 때문에

**3** 학생들의 이해력이 약하기 때문에

**4** 지식의 전달 방법이 아직 확립되지 않았기 때문에

12 ② 27일의 학회에는 참가할 수 있을 것 같지 않습니다라고 하는데, 그 이유는 무엇인가?

**1** 일이 끝나지 않기 때문에

**2** 아직 이곳 생활에 익숙해지지 않았기 때문에

**3** 일본과 한국은 여름 방학에 들어가는 시기가 다르기 때문에

**4** 비행기 표를 끊지 못했기 때문에

13 이 글을 쓴 사람의 직업으로서 가장 가능성이 높은 것은 어느 것인가?

1 대학 교수

2 석사 과정 중인 학생

3 박사 과정 중인 학생

4 유학 중인 대학원생

14 이 글의 내용으로 맞는 것은 어느 것인가?

1 이 글을 쓴 사람은 학회 이틀째에 발표한다.

2 이 글을 쓴 사람이 비즈니스 호텔에서 묵을 예정인 날은 수요일·목요일이다.

3 이 글을 쓴 사람은 비즈니스 호텔의 예약을 하지 않았다.

4 이 글을 쓴 사람은 일 관계로 학회에 나가는 것이 늦어진다.

毎日 매일 | 暑い 덥다 | 日 날, 일 | あと 앞으로 | 一学期 1학기 | 終わる 끝나다 | まだ 아직 | 生活 생활 | 十分 충분히 | 慣れる 익숙하다, 길들다 | 気がする 기분이 들다 | やはり 역시 | 習う 배우다 | 教える 가르치다 | 違う 다르다, 틀리다 | 文法 문법 | 正確に 정확히 | 理解する 이해하다 | 大変だ 힘들다, 큰일이다 | 一緒に 함께, 같이 | 楽しい 즐겁다 | 留学 유학 | 時々 때때로, 가끔 | 思い出す 생각해 내다, 회상하다 | 暇だ 한가하다 | 思い出 추억 | 写真 사진 | さて 그런데, 다름이 아니라 | 学会 학회 | 期末テスト 기말 시험 | 採点 채점 | 関係 관계 | 今のところ 지금으로서는 | 昼 점심, 낮 | 成田 나리타(공항) | 着く 도착하다 | 九段下 구단시타(도쿄의 지명 중 하나) | 会場 회장, 행사장 | 初日 첫날 | 配る 나누어주다, 배부하다 | 論文 논문 | 資料 자료 | 分 몫, 부분 | 代わりに 대신에 | 受け取る 받다, 수취하다 | ビジネスホテル 비즈니스 호텔 | 方 쪽, 편 | 予約する 예약하다 | 再確認 재확인 | お願い 부탁 | ~ばかり ~만 | 申し訳ない 미안하다 | 幸い 다행히 | 発表 발표 | 三日目 3일째 | 最終日 최종일, 마지막 날 | 臨む 임하다 | 可能 가능 | テーマ 테마, 주제 | 言語習慣 언어 습관 | 大変 매우, 대단히 | 興味深い 매우 흥미롭다 | 今からもう 벌써부터 | 楽しみ 즐거움, 낙, 기대 | パソコン 퍼스널 컴퓨터, PC | 故障する 고장 나다 | ファクス 팩스 | 失礼する 실례하다 | あさって 모레 | 点数をつける 점수를 매기다 | 地名 지명 | 運よく 운 좋게 | 理解力 이해력 | 弱い 약하다 | 知識 지식 | 伝達 전달 | 仕方 하는 방법, 방식 | 確立する 확립하다 | 飛行機 비행기 | 切符 표 | 取る 예약하다 | 韓国 한국 | 夏休み 여름 방학, 여름 휴가 | 入る 들어가다 | 時期 시기 | 職業 직업 | 可能性 가능성 | 修士課程 석사 과정 | 博士課程 박사 과정 | 大学院生 대학원생 | 先生 선생님, 교수 | 泊まる 묵다, 숙박하다 | 予定 예정 | 水曜 수요일 | 木曜 목요일 | 遅い 늦다

문제 7 다음 페이지는 '새로운 방을 찾기 위한 비교표'이다. 다음 글을 읽고, 아래의 질문에 답하시오. 답은 1·2·3·4 에서 가장 알맞은 것을 하나 고르시오.

15 다니무라 교코 씨는 새로운 방을 찾고 있다. 돈에 여유가 없어서 하여간 저렴한 방을 생각하고 있다. 단, 육상부 선수이기 때문에 욕실이 없으면 곤란하다. 역까지의 거리나 방의 밝기는 그다지 신경 쓰지 않는다. 다니무라 교코 씨의 조건에 가장 맞는 방은 어느 것인가?

1 시티팰리스

2 평화장

3 고포 요코카와

4 미도리장

16 다니무라 교코 씨는 친구인 미도리 씨에게 한 방에서 생활하지 않겠냐는 말을 듣고 그런 방향으로 생각하고 있다. 두 사람이 살기 때문에 먼저 방이 2개 있어야 한다. 또한 친구는 고양이가 한 마리 있는 데다가 아르바이트를 마치고 돌아오는 것이 늦기 때문에 역에서 가까운 쪽이 좋다. 물론 집세는 싸면 쌀수록 좋다. 조건에 맞는 방은 어느 것인가?

1 미도리장

2 평화장

3 시티팰리스

4 My Home 야마토

### ★방 비교표★

| | 집세 | 역까지의 거리 | 방의 수와 넓이 | 욕실 | 밝기 | 애완동물 |
|---|---|---|---|---|---|---|
| 시티팰리스 | 3만 8천 엔 | 걸어서 15분 | 1DK<br>4첩 | 없음 | 어둡다 | 불가 |
| 고포<br>요코카와 | 4만 3천 엔 | 걸어서 10분 | 1LDK<br>4첩 반 | 있음 | 보통 | 불가 |
| 평화장 | 4만 8천 엔 | 걸어서 10분 | 2DK<br>4첩 반 | 있음 | 밝다 | 불가 |
| 미도리장 | 5만 5천 엔 | 걸어서 15분 | 2LDK<br>6첩 반 | 있음 | 보통 | 가 |
| My Home<br>야마토 | 6만 2천 엔 | 걸어서 6분 | 2LDK<br>6첩 반 | 있음 | 밝다 | 가 |

〈용어의 설명〉

1DK : 방 하나 + 다이닝 키친(개수대 + 식탁 공간)

1LDK : 방 하나 + 거실 하나 + 다이닝 키친

2DK : 방 두 개 + 다이닝 키친(개수대 + 식탁 공간)

2LDK : 방 두 개 + 거실 하나 + 다이닝 키친

帖(첩) : 다다미 한 장

新しい 새롭다 | 部屋 방 | 探す 찾다 | 比較表 비교표 | 余裕 여유 | とにかく 하여간, 여하튼 | 安い (값이) 싸다, 저렴하다 | 陸上部 육상부 | 選手 선수 | お風呂 욕실, 목욕 | 困る 곤란하다, 난처하다 | 駅 역 | 距離 거리 | 明るさ 밝기 | あまり 그다지, 별로 | 気にする 신경 쓰다 | 条件 조건 | 一番 가장, 제일 | 方向 방향 | 二人暮らし 두 사람이 삶 | まず 먼저, 우선 | 猫 고양이 | 一匹 한 마리 | バイト 아르바이트 | 帰り 돌아옴, 돌아올 때 | 家賃 집세 | 〜ば〜ほど 〜하면 〜할수록 | 数 수, 숫자 | 広さ 넓이 | ペット 애완동물 | 帖 첩(다다미 한 장) | なし 없음 | 暗い 어둡다 | 不可 불가 | 半 반 | あり 있음 | 普通 보통 | 明るい 밝다 | 可 가, 가능 | 大和 야마토 | 用語 용어 | 説明 설명 | ダイニングキッチン 다이닝 키친 | 流し台 개수대 | 食卓 식탁 | スペース 스페이스, 공간 | リビングルーム 리빙룸, 거실 | たたみ 다다미 | 〜枚 〜장

**내용 이해 - 단문**

**문제 4** 다음 (1)에서 (4)의 글을 읽고, 질문에 답하시오. 답은 1·2·3·4에서 가장 알맞은 것을 하나 고르시오.

(1)

---

자동차 부품 제조회사 A공장에서는 최근(注) 담배를 피우는 사람을 줄이기 위하여 새로운 규칙을 정했다. 새로운 규칙은 이하와 같다.

1) 담배는 정해진 장소에서 정해진 시간만 가능하다(장소와 시간은 참조할 것. 지키지 않은 사람에게는 1회당 벌점 10점)

2) 한 달 단위로 벌점이 30점을 넘은 경우에는 화장실 청소를 일주일 한다.

3) 한 달간 금연을 지킨 사람에게는 하루 유급 휴가를 준다.

(注) このほど : 최근

---

1 이 글의 내용으로 알맞는 것은 어느 것인가?

**1** 회사 안에서는 절대 금연이다.

**2** 벌점이 30점을 넘은 경우 한 달간 화장실 청소를 한다.

**3** 벌점도 휴가도 한 달 단위로 계산한다.

**4** 벌점이 10점을 넘지 않으면 유급 휴가를 받을 수 있다.

---

**自動車** 자동차 | **部品** 부품 | **メーカー** 메이커, 제조회사 | **工場** 공장 | **このほど** 최근, 이번 | **タバコを吸う** 담배를 피우다 | **規則** 규칙 | **定める** 정하다 | **以下** 이하 | **とおり** 대로, 같이 | **決める** 정하다 | **場所** 장소 | **～のみ** ～만, ～뿐 | **参照** 참조 | **守る** 지키다 | **～につき** ～마다, ～당 | **罰点** 벌점 | **一月** 한 달 | **単位** 단위 | **超える** 넘다 | **トイレ** 화장실 | **掃除** 청소 | **禁煙** 금연 | **有給休暇** 유급 휴가 | **与える** 주다 | **最近** 최근, 요즘 | **絶対** 절대 | **間** 동안 | **一ヶ月** 한 달 | **計算する** 계산하다

(2)

> 　인터넷의 등장으로 편리해진 것도 많은 반면, 그렇지 않은 경우도 상당히 있다고 생각한다. 예컨대 무언가 물건을 살 때 그것에 관한 평가를 어디까지 믿으면 되는지 알기 어려운 경우도 적지 않기 때문이다. 며칠 전 '아주 좋은 책'이라는 평가를 받은 것을 그대로 믿고 비싼 돈을 주고 샀는데, 너무나도 마음에 들지 않아 실망한 적이 있다. 인터넷에 지나치게 의존하는 것도 생각해 볼 일(注1)이라는 것을 절실히(注2) 느꼈던 것이다.
>
> (注1) 考えものだ : 잘 생각할 필요가 있다
>
> (注2) 切に : 강하게 생각하는 느낌, 마음으로부터

**2** 이 글을 쓴 사람이 가장 말하고 싶은 것은 무엇인가?

**1** 책은 싸면 좋은 것이 아니라 내용이 중요하다.

**2** 책은 내용도 내용이지만 가격도 무시할 수 없다.

**3** 물건을 살 때는 신중하게 생각하고 사지 않으면 손해 보기 쉽다.

**4** 다른 사람의 판단을 너무 믿는 것은 좋지 않다.

---

インターネット 인터넷 | 登場 등장 | 便利だ 편리하다 | 反面 반면 | けっこう 상당히, 꽤 | 例えば 예를 들어, 예컨대 | 物を買う 물건을 사다 | ～に関する ～에 관한 | 評価 평가 | 信じる 믿다 | ～にくい ～하기 어렵다 | この間 일전, 요전 | 受ける 받다 | そのまま 그대로 | 金を払う 돈을 지불하다 | あまりに 너무나도, 몹시 | 気に入る 마음에 들다 | がっかりする 실망하다, 맥이 풀리다 | 依存する 의존하다 | 考えもの 생각해 볼 일 | 切に 절실히 | 感じる 느끼다 | 様子 모양, 모습 | 心 마음 | 最も 가장, 제일 | 内容 내용 | 大事だ 중요하다, 소중하다 | 値段 값, 가격 | 無視 무시 | 慎重だ 신중하다 | 損する 손해 보다 | 判断 판단

(3)

> 　옛날 영화에 나오는 축지술이라는 것은 말 그대로 긴 거리를 축소하여 순간적으로 이동하는 재주라는 의미이다. 물론 물리적으로는 불가능할 것이다. 그러나 지금 우리는 바로 그 축지술을 사용하며 살고 있지는 않을까? 고교 시절 미국의 여학생과 펜팔을 하였을 때 한 번 왕복하기(注)까지 빨라야 한 달이나 걸렸던 편지가 이메일이라면 수 초면 도착하기 때문이다.
>
> (注) 一往復する : 한 번 편지를 보내고 답장을 받다

**3** 이 글의 내용으로 알맞은 것은 어느 것인가?

**1** 옛날 사람에게 축지술이 가능한 사람이 없었다고는 말할 수 없다.

**2** 실제 축지술은 물리적으로 가능한 이야기일지도 모른다.

**3** 바로 현대야말로 축지술을 사용해서 우리들은 생활하고 있다.

**4** 한 달이나 걸렸던 편지가 몇 초면 도착하는 것은 축지술이라고 말해도 좋다.

昔 [むかし] 옛날, 예전 | 映画 [えいが] 영화 | 縮地術 [しゅくちじゅつ] 축지술, 축지법 | 文字通り [もじどおり] 말 그대로, 문자 그대로 | 長い [ながい] 길다 | 距離 [きょり] 거리 | 縮小する [しゅくしょう] 축소하다 | 瞬間的に [しゅんかんてきに] 순간적으로 | 移動する [いどう] 이동하다 | 術 [じゅつ] 기술, 재주 | 意味 [いみ] 의미 | もちろん 물론 | 物理的 [ぶつりてき] 물리적 | 不可能 [ふかのう] 불가능 | われわれ 우리 | 正に [まさに] 바로, 틀림없이 | 生きる [いきる] 살다 | 高校時代 [こうこうじだい] 고교 시절 | アメリカ 미국 | 女子 [じょし] 여자 | ペンパル 펜팔 | 一往復する [いちおうふく] 한 번 왕복하다 | かかる 걸리다 | 手紙 [てがみ] 편지 | Eメール 이메일 | 数秒 [すうびょう] 수 초, 몇 초 | 着く [つく] 도착하다 | 出す [だす] 보내다, 부치다 | 返事 [へんじ] 답, 답장 | 実際 [じっさい] 실제 | 現代 [げんだい] 현대 | 〜こそ 〜야말로 | 生活 [せいかつ] 생활

(4)

> 나는 오랫동안 일본어를 가르치는 일을 하고 있다. 일본어는 경어가 발달해 있다거나 남녀간의 차이가 있다거나, 다른 언어와 비교하여 특징이라고 말할 수 있는 부분도 적지 않다. 한국어에서는 '감기가 들어왔다(風邪が入った)'·'비가 와서 젖었다(雨が降ってぬれた)'라고 말하지만, 일본어라면 '風邪をひいた(감기를 잡아당겼다)'·'雨が降られた(비에게 내림을 당했다)'라고 말한다. 감기의 원인을 외부가 아니라 자기자신으로부터 찾는 점과 자연에 따르는 점도 그 하나라고 나는 생각한다.
>
> ( 권영부 『우리가 몰랐던 일본어』에서 )

4 그의 의미로 알맞은 것은 어느 것인가?

1 일본어의 특성에 관한 예

2 남녀어의 차이에 관한 예

3 자연에 따르는 인간의 마음에 관한 예

4 경어 발달에 관한 예

長い間 [ながいあいだ] 오랫동안, 여러 해 | 教える [おしえる] 가르치다 | 敬語 [けいご] 경어 | 発達する [はったつ] 발달하다 | 男女間 [だんじょかん] 남녀간 | 違い [ちがい] 차이 | 他の [ほかの] 다른 | 言語 [げんご] 언어 | 比べる [くらべる] 비교하다 | 特徴 [とくちょう] 특징 | ところ 점, 부분 | 韓国語 [かんこくご] 한국어 | 風邪 [かぜ] 감기 | 雨が降る [あめがふる] 비가 내리다 | ぬれる 젖다 | 風邪をひく [かぜ] 감기가 들다 | 原因 [げんいん] 원인 | 外部 [がいぶ] 외부 | 自分自身 [じぶんじしん] 자기자신 | 求める [もとめる] 구하다, 찾다 | 自然 [しぜん] 자연 | 従う [したがう] 따르다, 순응하다 | 例 [れい] 예 | 男女語 [だんじょご] 남녀어 | 人間 [にんげん] 인간 | 特性 [とくせい] 특성

**문제 5** 다음 (1)과 (2)의 글을 읽고, 질문에 답하시오. 답은 1·2·3·4에서 가장 알맞은 것을 하나 고르시오.

(1)

나는 유럽에서의 근무가 길다. 대학을 나온 24살 때 입사하여 5년 후 파리 지사 근무를 시작한 이래, 올해 귀국할 때까지 약 14년 간 온 유럽을 돌았다. 파리를 비롯하여 마르세유, 리옹 그리고 이웃 나라 독일의 함부르크, 마지막에 런던으로 3개국 5개 도시에서 일해 왔다. 덕분에 아이들은 프랑스어, 독일어, 영어까지 아주 능숙하지만 중요한(注1) 일본어는 몹시 서투르다.

43살이 되어 귀국해 보니 ①아이들의 장래가 걱정되기 시작했다. 일본인인데도, 일본어도 일본 문화도 잘 모르기 때문이다. 이 아이들에게 일본이라는 나라는 무엇인지, 정말로 조국인지 의문이 남는다. 학교에서는 왕따를 당하지 않을까, 앞으로 제대로 생활해 갈 수 있을까 등 여러 가지 걱정이다. 모두가 영어, 영어 하고 외치는 가운데 우리 집(注2)은 가정교사까지 불러서 조국의 언어를 익히게 하는 ②기묘한(注3) 매일이다.

(注1) 肝心な : 중요한

(注2) 我が家 : 우리 집

(注3) 奇妙な : 우스운, 이상한

---

**5** ① 아이들의 장래가 걱정되기 시작했다고 하는데, 그것은 왜인가?

**1** 이 글을 쓴 사람은 이미 40살이 되었기 때문에

**2** 아이들이 일본에 관한 것을 잘 모르기 때문에

**3** 아이들이 유럽에 관한 것을 잘 알고 있기 때문에

**4** 아이들이 모두 유럽으로 되돌아가고 싶어 하기 때문에

---

**6** ② 기묘한이라는 것은 어떤 의미인가?

**1** 일본인인데도 유럽에 관한 것을 잘 알고 있는 것

**2** 일본인인데도 일본어를 잘 모르는 것

**3** 일본인인데도 유럽의 언어를 잘할 수 있는 것

**4** 아이들이 영어를 잘하는 것

---

**7** 이 글의 내용으로서 알맞은 것은 어느 것인가?

**1** 이 글을 쓴 사람은 유럽에서의 경험이 길다.

**2** 이 글을 쓴 사람은 유럽에서의 근무를 매우 후회하고 있다.

**3** 이 글을 쓴 사람의 아이들은 학교에서 왕따를 당하고 있다.

**4** 이 글을 쓴 사람은 3개국 6개 도시에서 근무해 왔다.

ヨーロッパ 유럽 | 勤務 근무 | 入社する 입사하다 | パリ 파리 | 支社 지사 | 始める 시작하다 | 以来 이래, 이후 | 今年 금년, 올해 | 帰国する 귀국하다 | 約 약 | 〜中 온〜, 전〜 | 回る 돌다 | 〜をはじめとして 〜을 비롯하여 | マルセイユ 마르세유 | リヨン 리옹 | 隣 이웃, 옆 | 国 나라, 국가 | ドイツ 독일 | ハンブルク 함부르크 | 最後に 끝으로, 마지막에 | ロンドン 런던 | 〜カ国 〜개국 | 都市 도시 | 働く 일하다 | おかげ 덕분, 덕택 | フランス語 프랑스어, 불어 | ドイツ語 독일어 | かなり 상당히, 제법 | 上手だ 잘하다, 능숙하다 | 肝心だ (가장) 중요하다 | すごく 굉장히 | 下手だ 서투르다 | 将来 장래 | 心配 걱정 | 文化 문화 | 子たち 아이들 | 〜にとって 〜에게 있어서 | 本当に 정말로 | 祖国 조국 | 疑問 의문 | 残る 남다 | イジメ 왕따, 집단 따돌림 | 受ける 받다, 당하다 | 今後 앞으로 | ちゃんと 확실히, 제대로 | いろいろ 여러 가지 | 叫ぶ 외치다, 떠들다 | 我が家 우리 집 | 家庭教師 가정교사 | 習う 배우다 | 奇妙だ 기묘하다 | 毎日 매일 | 大切だ 중요하다 | おかしな 우스운, 이상한 | 変だ 이상하다 | よく 잘, 자주 | 戻る 되돌아가다 | 〜たがる (제삼자가) 〜하고 싶어 하다 | 経験 경험 | 後悔する 후회하다

(2)

> 쥐도 동물의 하나인 것은 틀림없지만, 쥐를 좋아한다는 이야기를 지금까지 들어본 적이 없다.
>
> 즉 싫어한다는 말이 되겠는데, 그 이유는 '더러워서', '징그러워서'에 더해서 '전염병을 옮길 수도 있다'는 점에도 있을 것이다. 또 기껏 인간이 재배하여 수확한 곡물(注1)을 먹어 버리기 때문에 더욱더(注2) ①그렇다고 말할 수 있을 것 같다.
>
> 하지만 쥐가 있기 때문에 우리 인간의 생활이 보다 위생적이며(注3) 병에도 걸리기 어려워졌다고 말하면 틀림없이 놀랄 것이다. ②역설적인(注4) 표현이겠지만, 인간하고 무척 가까운 DNA를 가지고 있다는 쥐가 있는 덕분에 여러 가지 실험도 가능한 것이다. 특히 실험용 쥐(注5) 덕분에 인간을 위한 약도 많이 개발할 수 있는 것이다.
>
> (注1) 穀物 : 인간이 먹는 쌀·보리 등의 먹을거리
>
> (注2) よけい : 좀 더
>
> (注3) 衛生的で : 병을 막고 건강에 좋게
>
> (注4) 逆説的な : 반대의 것을 말하는 것 같은
>
> (注5) 実験用マウス : 실험용 쥐

8 ① 그렇다의 의미로서 알맞은 것은 어느 것인가?

1 싫어함을 당하다.

2 좋게 여겨지다.

3 동물의 일종이다.

4 더럽다.

9 ② <u>역설적인</u>이라고 하는데, 그 의미는 무엇인가?

**1** '더러운' 이미지의 쥐를 나쁘게 평가하는 듯한

**2** '더러운' 이미지의 쥐를 좋게 평가하는 듯한

**3** '더러운' 이미지의 쥐를 인간에게 유익하지 않다고 말하는 듯한

**4** '징그러운' 이미지의 쥐를 나쁘게 말하는 듯한

10 이 글을 쓴 사람이 가장 말하고 싶은 것은 무엇인가?

**1** '더러운' 이미지의 쥐도 동물의 하나이다.

**2** 쥐의 이미지는 나쁘더라도 인간을 위한 역할도 있다.

**3** 쥐가 없으면 인간의 생활은 더욱 위생적이 될 수 있다.

**4** 실험용 쥐가 없으면 의학 실험은 할 수 없다.

---

ネズミ 쥐ㅣ動物 동물ㅣ間違いない 틀림없다, 분명하다ㅣつまり 즉, 결국ㅣ嫌う 싫어하다ㅣ汚い 더럽다ㅣ気持ち悪い 기분이 나쁘다, 징그럽다ㅣ～に加え ~에다가, ~에 더해서ㅣ伝染病 전염병ㅣ移す 옮기다ㅣありうる 있을 수 있다ㅣせっかく 모처럼, 애써ㅣ栽培する 재배하다ㅣ収穫する 수확하다ㅣ穀物 곡물ㅣよけい 더욱더, 좀 더ㅣ～からこそ ~이기 때문에ㅣより 보다, 더욱ㅣ衛生的 위생적ㅣ驚く 놀라다ㅣ～に違いない ~임에 틀림없다ㅣ逆説的 역설적ㅣ言い方 표현(법), 말씨ㅣおかげ 덕분, 덕택ㅣ実験 실험ㅣ特に 특히ㅣ実験用マウス 실험용 쥐ㅣ薬 약ㅣ開発する 개발하다ㅣ米 쌀ㅣ麦 보리ㅣ食物 음식물, 먹을거리ㅣ防ぐ 막다, 방지하다ㅣ健康 건강ㅣ反対 반대ㅣ一種 일종ㅣイメージ 이미지ㅣ評価する 평가하다ㅣためになる 유익하다ㅣ役割 역할ㅣ医学 의학

**문제 6**  다음 글을 읽고, 질문에 답하시오. 답은 1·2·3·4에서 가장 알맞은 것을 하나 고르시오.

---

에이즈라는 병이 발견되고 벌써 몇십 년이나 지났다. 처음에는 누구나 무서워해서 자신의 안전을 위하여 모두가 주의했었다. 지금은 물론 앞으로도 조심해야 할 병이지만, 기분 탓인지(注) ①<u>옛날만큼 떠들지 않는 것 같은 기분</u>이 든다. 그만큼 충분히 이 병의 위험성에 대해서 지식이 확산되었기 때문일까? 그렇지 않으면 많이 들은 만큼 감각이 흐려졌기 때문일까? 신종플루가 한때 대유행하여 큰 소동이 벌어진 적이 있는데, 이것도 왠지 ②<u>비슷한 분위기</u>이다. 인간이란 '잘 잊는' 존재인지도 모른다.

'은혜를 원수로 갚는다'는 표현이 있다. 이것은 상대의 도움·호의, 즉 은혜를 잊고, 원수(= 나쁜 행위·원망)으로 갚는다는 의미이다. 상대가 해 준 호의나 원조를 나쁜 방법으로 돌려주는 사람은 악인이라는 뉘앙스가 있는데, 나는 ③<u>그렇게 보지 않는다.</u> 그것보다도 과거에 있었던 일을 잘 잊는 인간들, 이라는 식으로 받아들이고 있다.

'빌리다'는 한자를 분석하면, '사람(人) + 옛날(昔)'로 되어 있다. '옛날(昔)'이라는 글자는 '시간이 많이 지났다'는 의미. 정리하면 '인간은 다른 사람에게 무언가를 빌리면 시간이 오래 흐른다(흐를 때까지 갚지 않는다)'는 뜻이 된다.

'과연 그렇구나!'라고 생각하는 한자는 많지만, 이것도 그 중의 하나이다.

인간은 불리한 것을 곧잘 있는 생물인 모양이다. 그러나 하나밖에 없는 것을 잊어도 되는 것인지 그것이 문제이다.

(注) 気のせいか : 그렇게 생각했기 때문인지

---

11 ① <u>옛날만큼 떠들지 않는 것 같은 기분이 든다</u>고 하는데, 이것은 어떤 의미인가?

**1** 예나 지금이나 모두가 떠들고 있다.

**2** 옛날에 비해서 지금은 별로 말하지 않게 되었다.

**3** 옛날과 비교해서도 아직도 모두가 화제로 삼고 있다.

**4** 여전히 옛날 이상으로 떠들고 있다.

12 ② <u>비슷한 분위기</u>라고 하는데, 무슨 분위기인가?

**1** 에이즈처럼 계속 떠들고 있는 분위기

**2** 지구 환경의 악화를 막으려고 하는 분위기

**3** 자신의 안전을 위하여 모두가 주의하는 분위기

**4** 에이즈처럼 옛날만큼 별로 말하지 않는 분위기

**13** ③ 그렇게 보지 않는다라고 하는데, 이것은 무슨 의미인가?

**1** 악인이라고 생각한다.

**2** 나쁜 행위라고 생각한다.

**3** '별로 잊지 않는' 의미로서 생각한다.

**4** 악인이라고 생각하지 않는다.

**14** 이 글을 쓴 사람이 가장 말하고 싶은 것은 무엇인가?

**1** 인간은 무엇이든 잘 잊는 생물이다.

**2** 다른 것은 잊더라도 병에 관한 것을 잊어서는 안 된다.

**3** 잘 잊는 생물인 우리라도 건강이나 병에 관한 것을 잊어서는 안 된다.

**4** 잘 잊는 생물인 우리라도 '은혜를 원수로 갚는' 것은 좋지 않다.

---

エイズ 에이즈 | 病気 병 | 発見する 발견하다 | 経つ (시간이) 지나다 | 最初 최초, 처음 | こわがる 무서워하다 | 身体 몸 | 安全 안전 | 注意する 주의하다 | 今後 금후, 앞으로 | 気をつける 주의하다, 조심하다 | 気のせい 기분 탓, 마음 탓 | ほど 만큼 | 叫ぶ 외치다, 떠들다 | 気がする 기분이 들다 | 十分 충분히 | 危険性 위험성 | ～について ～에 대해서 | 知識 지식 | 広がる 넓어지다, 확대되다 | それとも 그렇지 않으면, 아니면 | 分 정도, 만큼 | 感覚 감각 | 薄れる 엷어지다, 희미해지다 | 新型インフルエンザ 신종플루 | 一時期 한때, 한 시기 | 大流行 대유행 | 大騒ぎ 큰 소동 | 何となく 왠지 | 同じだ 같다, 마찬가지다 | 雰囲気 분위기 | 忘れる 잊다 | 存在 존재 | 恩 은혜 | 仇 원수 | 返す 돌려주다, 갚다 | 言い回し 표현, 말투 | 相手 상대(방) | 助け 도움 | 好意 호의 | 行為 행위 | 恨み 원망 | 援助 원조, 도움 | 方法 방법 | 悪人 악인, 나쁜 사람 | ニュアンス 뉘앙스 | 取る 해석하다, 받아들이다 | 過去 과거 | ふう 식, 방법 | 借りる 빌리다 | 漢字 한자 | 分析する 분석하다 | 長く 길게, 오래 | 整理する 정리하다 | 流れる 흐르다 | なるほど 과연, 정말 | 不利だ 불리하다 | 生き物 생물, 생명체 | ～らしい ～인 것 같다, ～인 듯하다 | 比べる 비교하다 | 話題 화제 | 以上 이상 | ずっと 쭉, 계속 | 地球環境 지구 환경 | 悪化 악화

문제 7　다음 페이지는 '한국 요리 교실의 공지'이다. 다음 글을 읽고, 아래의 질문에 답하시오. 답은 1·2·3·4에서
　　　　가장 알맞은 것을 하나 고르시오.

15 '한국 요리 교실'의 준비물로서 맞는 것은 어느 것인가?

　　1 냄비와 돼지고기

　　2 냄비와 김치

　　3 돼지고기와 밥

　　4 밥과 김치

16 '한국 요리 교실'의 내용으로서 맞는 것은 어느 것인가?

　　1 '한국 요리 교실'은 평일에 열린다.

　　2 참가 희망자는 기숙사 학생에 한한다.

　　3 기숙사 근처 사람도 참가할 수 있다.

　　4 기숙사 직원은 신청할 수 없다.

---

### ★한국 요리 교실의 공지★

　국제교류회관 여러분, 한국 요리에 도전해 보지 않겠습니까!

　슬슬 겨울이 다가오고 있군요. 맛있고 스태미너 가득한 한국의 김치찌개 만드는 법을 가르쳐 드리겠습니다. 관심이 있는 분은 이하의 내용을 잘 읽고 신청해 주세요. ^^

　1 일시 : 11월 4일(일요일) 오전 10시~오후 2시

　2 장소 : 기숙사 내 마당

　3 준비물 : 냄비(소), 돼지고기 200g. 김치는 208호실 정미희 씨가, 따뜻한 밥은 301호실 노경옥 씨
　　　　　　가 무료로 제공합니다. ^^

　4 신청 방법 : 10월 15일부터 10월 31일까지 사이에 정(미희) 씨(090-××54-7887)나, 노(경옥) 씨
　　　　　　　(090-3245-××74)에게 직접 말하거나 휴대전화 문자로 성함과 방 번호를 보내 주세
　　　　　　　요.

　5 기타 : 본, 국제교류회관에 사시는 학생·직원·친구 누구라도 OK입니다. 국제교류회관 근처에 사
　　　　　시는 분이라도 상관없습니다. 그 날은 10월 기숙사에 막 들어온 '가라오케 권(영부) 씨'가 막
　　　　　걸리(도부로쿠와 비슷한 한국의 전통주)를 어딘가로부터 많이 가지고 온답니다. ^^

＊무언가 질문하실 것이 있으시면, 여러분들의 영원한 도우미, 저 오시바 다쓰나리(090-××33-3355)에게 문의해 주십
시오!

韓国(かんこく) 한국 | 料理(りょうり) 요리 | 教室(きょうしつ) 교실 | お知(し)らせ 공지, 알림 | 準備物(じゅんびぶつ) 준비물 | 鍋(なべ) 냄비 | 豚肉(ぶたにく) 돼지고기 | キムチ 김치 | ご飯(はん) 밥 | 平日(へいじつ) 평일 | 行(おこな)われる 열리다, 실시되다 | 参加(さんか) 참가 | 希望者(きぼうしゃ) 희망자 | 寮(りょう) 기숙사 | 限(かぎ)る 한하다, 한정하다 | 近所(きんじょ) 근처, 부근 | 職員(しょくいん) 직원 | 申(もう)し込(こ)む 신청하다 | 国際交流会館(こくさいこうりゅうかいかん) 국제교류회관 | みなさん 여러분 | チャレンジする 도전하다 | そろそろ 이제 슬슬 | 冬(ふゆ) 겨울 | 近(ちか)づく 다가오다 | スタミナ 스태미너 | たっぷり 듬뿍, 가득 | キムチチゲ 김치찌개 | 作(つく)り方(かた) 만드는 법 | 教(おし)える 가르치다 | 関心(かんしん) 관심 | 方(かた) 분 | 日時(にちじ) 일시 | 午前(ごぜん) 오전 | 午後(ごご) 오후 | 場所(ばしょ) 장소 | 寮内(りょうない) 기숙사 내 | 庭(にわ) 정원, 마당 | ～号室(ごうしつ) ～호실 | あたたかい 따뜻하다 | 無料(むりょう) 무료 | 提供(ていきょう)する 제공하다 | 間(あいだ) 사이, 동안 | 直接(ちょくせつ) 직접 | 携帯(けいたい)メール 휴대전화 문자 | お名前(なまえ) 이름, 성함 | 部屋番号(へやばんごう) 방 번호 | 送(おく)る 보내다 | その他(た) 기타 | 本(ほん) 본, 당 | お住(す)まい 주거, 주소, 사는 일 | かまう 상관하다, 관계하다 | 当日(とうじつ) 당일 | ～たばかり 막 ～한 | カラオケ 가라오케, 노래방 | マッコリ 막걸리 | どぶろく 도부로쿠(일본의 탁주) | 似(に)る 닮다, 비슷하다 | 伝統酒(でんとうしゅ) 전통주 | いっぱい 가득, 많이 | ～そうだ ～라고 한다(전문) | 質問(しつもん) 질문 | 永遠(えいえん) 영원 | ヘルパー 도우미

## 정답과 해석

**내용 이해 - 단문**

**문제 4**  다음 (1)에서 (4)의 글을 읽고, 질문에 답하시오. 답은 1·2·3·4에서 가장 알맞은 것을 하나 고르시오.

(1)

> 　지금 현대 사회는 온갖 문제에 직면해 있다. 왕따도 그 하나로, 이것은 학교뿐만 아니라 회사 같은 데에도 널리 퍼져 있다. 왕따의 원인은 여러 가지 있겠지만, '인간의 고독(注1)'이 그 원인이라고 주장하는 학자가 있다. 그 학자에 따르면 그룹을 이루어 약한 자를 못 살게 구는 동안 '단결'에서 오는 쾌감을 느낀다(注2)는 것이다. 고독은 자신에게도 타인에게도 좋지 않다. 고독해지지 않는, 고독하게 만들지 않는 궁리가 필요할 것 같다.
>
> (注1) 孤独 : 쓸쓸함, 고립된 것
>
> (注2) 覚える : 느끼다

**1** 이 글을 쓴 사람이 가장 말하고 싶은 것은 무엇인가?

**1** 고독은 만병의 근원이기 때문에 빨리 없어지지 않으면 안 된다.

**2** 고독과 왕따의 관련성을 좀 더 연구하지 않으면 안 된다.

**3** 왕따의 원인을 고독이라고 단정할 수는 없지만 가능성은 상당히 높다.

**4** 고독이라는 것은 여러 가지 의미에서 마이너스적이기 때문에 그것을 막기 위한 연구를 하지 않으면 안 된다.

---

**現代社会** 현대 사회 | **あらゆる** 온갖, 모든 | **直面する** 직면하다 | **イジメ** 왕따, 괴롭힘, 따돌림 | **～だけでなく** ~뿐만 아니라 | **広い** 넓다 | **広がる** 퍼지다, 번지다 | **原因** 원인 | **人間** 인간 | **孤独** 고독 | **主張する** 주장하다 | **学者** 학자 | **グループになる** 그룹을 이루다 | **弱い者** 약자 | **いじめる** 괴롭히다 | **団結** 단결 | **快感** 쾌감 | **覚える** 느끼다 | **～にとって** ~에게, ~에게 있어서 | **工夫** 궁리 | **必要** 필요 | **さびしさ** 쓸쓸함 | **一人ぼっち** 외톨이 | **万病の元** 만병의 근원 | **なくす** 없애다 | **関連性** 관련성 | **研究** 연구 | **断定する** 단정하다 | **可能性** 가능성 | **かなり** 상당히, 꽤 | **マイナス的** 마이너스적, 부정적 | **防ぐ** 막다

(2)

> 건강 만점의 프랑스 베이커리를 이용해 주서서 감사 드립니다. 여러분에게 만족을 드리고 사랑 받는 가게를 만들기 위하여 밤낮으로(注1) 노력하고 있습니다. 희망사항이나 느끼신 바(注2)가 있으시면 기입 하신 다음에 '고객 의견함'에 넣어 주십시오. 여러분들의 고견을 기다리고 있겠습니다.
>
> (注1) 日夜(にちや) : 끊임없이, 쉬지 않고
>
> (注2) お気付(きづ)きの点 : 깨달은 바, 마음에 걸리는 부분

2 이 글의 목적과 종류로 생각되는 것은 다음 중 어느 것인가?

1 가게를 보다 좋게 만들기 위한 앙케트

2 가게의 오픈을 알리는 엽서

3 가게 디자인이나 인테리어 등을 새롭게 한 점을 알리는 엽서

4 대 바겐세일을 알리는 편지

---

元気満点(げんきまんてん) 원기 만점, 건강 만점 | フランス 프랑스 | ベーカリー 베이커리, 빵집 | ご〜いただく 〜해 주시다 | 利用(りよう) 이용 | 皆様(みなさま) 여러분 | 満足(まんぞく) 만족 | 愛(あい)される 사랑 받다 | お店(みせ)づくり 가게 만들기 | 日夜(にちや) 밤낮으로, 끊임없이 | 頑張(がんば)る 노력하다, 열심히 하다 | 〜ておる 〜하고 있다(〜ている의 겸양표현) | 希望(きぼう) 희망 | お気付(きづ)きの点(てん) 느끼신 점, 깨달은 점 | ございます 있습니다(あります의 존경표현) | 記入(きにゅう) 기입 | 〜の上(うえ) 〜한 다음 | お客様(きゃくさま) 손님 | 意見箱(いけんばこ) 의견함 | お〜ください 〜해 주십시오 | 入(い)れる 넣다 | ご意見(いけん) 고견 | 絶(た)えず 끊임없이 | 休(やす)まず 쉬지 않고 | 気(き)になる 걱정이 되다, 마음에 걸리다 | 目的(もくてき) 목적 | 種類(しゅるい) 종류 | アンケート 앙케트, 설문조사 | オープン 오픈, 개점 | 知(し)らせる 알리다 | はがき 엽서 | デザイン 디자인 | インテリア 인테리어 | 大(だい)バーゲン 대 바겐세일 | 手紙(てがみ) 편지

(3)

> 현대 문명의 발달은 그 끝을 알 수 없다. 그런 가운데 사라져서 그 모습이 보이지 않게 된 동물도 있다. 이미 도시에서 나비(注1)를 보는 것은 좀처럼 불가능해졌다.
>
> 비 오는 날 자주 보았던 지렁이(注2)나 달팽이(注3)도 같은 상황. '현대 문명의 발달=동물·곤충의 소멸' 과 같은 느낌마저 든다. 인간과 다른 생명체의 공존이 불가능한 발달로 정말 좋은 것인지, 이대로라면 언젠가 예상할 수 없는 재난이 일어날지도 모른다.
>
> (注1) ちょうちょ : 꽃과 꽃 사이를 빈번히 비행하는 날개가 큰 곤충
>
> (注2) ミミズ : 비가 오면 잘 나타나는, 땅바닥을 천천히 이동하는 가느다란 막대기 모양을 한 동물. 길이는 10㎝ 정도이며 색깔은 빨갛다
>
> (注3) カタツムリ : 비가 오면 자주 나타나는, 벽 같은 데를 천천히 이동하는 동물. 등에 자신의 집을 싣고 있다

**3** 이 글을 쓴 사람이 가장 걱정하고 있는 것은 무엇인가?

**1** 문명이 발달하면 할수록 다른 생명체가 사라져서 없어지기 쉽다.

**2** 문명이 발달하면 할수록 다른 생명체는 살기 어려워진다.

**3** 다른 생명체와 함께 살지 못하는 발달은 언젠가는 불행을 초래할 우려가 있다.

**4** 다른 생명체가 함께 살지 못하는 것은 환경 오염이 상당히 진행되고 있기 때문이다.

---

現代文明 현대 문명 | 発達 발달 | 終わり 끝, 마지막 | 消える 사라지다 | 姿 모습 | 見える 보이다 | 動物 동물 | 都会 도시 | ちょうちょ 나비 | なかなか 좀처럼 | 雨の日 비 오는 날 | 見かける 눈에 띄다, (언뜻) 보다 | ミミズ 지렁이 | カタツムリ 달팽이 | 状況 상황 | 昆虫 곤충 | 消滅 소멸 | 感じさえする 느낌조차 들다 | 生き物 생명체, 생물 | 共存 공존 | 本当に 정말로 | よい 좋다, 괜찮다 | このまま 이대로 | 予想 예상 | 災難 재난 | 起きる 일어나다 | 飛行する 비행하다 | 羽 날개 | 現われる 나타나다 | 地面 지면 | ゆっくり 천천히 | 移動する 이동하다 | 細い 가늘다 | 棒 막대기 | 形をする 모양을 하다 | 長さ 길이 | ～センチ ～센티미터, ～㎝ | 前後 전후 | 色 색, 빛깔 | 大体 대체로 | 赤い 붉다 | 壁 벽 | 背中 등 | 載せる 위에 놓다, 얹다 | 一番 가장, 제일 | 心配する 걱정하다 | ～ば～ほど ～하면 ～할수록 | なくなる 없어지다 | 生きる 살다, 생존하다 | ～と共に ～와 함께 | 不幸 불행 | 招く 초대하다, 초래하다 | おそれ 우려 | 環境汚染 환경 오염 | 進む 진척되다, 진행되다

---

(4)

> '시작이 반이다'라는 격언이 있다. 무슨 일이든 생각만 하지 말고 행동을 시작하는 것이 중요하다는 의미이다. 반대로 '절반 끝날 때까지는 시작한 것이 아니다'라는 말도 있다. 한쪽은 개시의 중요함을, 또 다른 한쪽은 계속의 중요성을 말하고 있다. 어느 쪽을 중히 여겨야 할지는 당신에게 달렸다(注). 무슨 일이라도 스스로 잘 판단하여 행할 수밖에 없다. 자신의 인생은 자신이 책임을 질 수밖에 없기 때문이다.
>
> (注) あなた次第 : 당신의 결정이 중요하다, 결정은 당신이 하는 것

**4** 이 글을 쓴 사람이 가장 강조하고 있는 것은 다음 중 어느 것인가?

**1** 무슨 일이든 좌우지간 시작하는 것이 중요하다.

**2** 시작하는 것은 언제든 가능하므로 계속할 수 있는 자신이 있을 때 시작한다.

**3** 자신의 인생이기 때문에 더욱 맡겨진 일은 책임지고 확실하게 해야 한다.

**4** 자신의 인생이기 때문에 더욱 무엇이든 자신의 책임 하에 잘 판단하여 행해야 한다.

---

始まり 시작 | 半分 반, 절반 | 格言 격언 | 何事も 무슨 일이든, 매사 | ～ばかり ～만 | 行動 행동 | 始める 시작하다 | 大事だ 중요하다, 소중하다 | 反対に 반대로 | 片方 한쪽 | 終わる 끝나다 | 開始 개시 | 大事さ 중요함 | 継続 계속 | 重要性 중요성 | 語る 말하다 | 重く受け止める 무겁게 받아들이다, 중히 여기다 | ～次第 ～하기 나름 | 自ら 스스로 | 判断する 판단하다 | 行う 행하다, 행동하다 | ～しかない ～밖에 없다 | 人生 인생 | 責任を取る 책임을 지다 | 決定 결정 | 強調する 강조하다 | とにかく 좌우지간, 여하튼 | 自信がある 자신이 있다 | 任す 맡기다 | しっかり 확실히, 똑똑히 | やる 하다 | 下 하, 아래

문제 5  다음 (1)과 (2)의 글을 읽고, 질문에 답하시오. 답은 1·2·3·4에서 가장 알맞은 것을 하나 고르시오.

(1)

우리는 모두 시계를 가지고 있다. 보통 각 가정에는 벽시계가 반드시 하나 이상 있다. 휴대전화의 보급률도 <u>이미 100%를 넘었다</u>. 2대 이상 사용하고 있는 사람도 꽤 있기 때문이라고 한다. 당연히 거기에는 시계가 딸려 있다.

전기밥솥(注1)에도 전자레인지에도, 또 운전석이나 컴퓨터 화면에도 시계가 있으니, 우리는 시계투성이 속에서 생활하고 있다.

직업상(注2) 해외에 나가서 취재하는 일이 많은 나로서는 시내에 있는 큰 시계의 수로 살기 좋은 나라인지, 그렇지 않은 나라인지 구별한다. 내 경우, 손목시계(注3)도 차고 있고 카메라에도 휴대전화(注4)에도 시계가 있지만, 바쁠 때에는 그것조차 볼 짬이 없다. 그렇다고는 해도 이건 좀 과장된 말로서, 가방을 내려 놓고 시계를 보려고 하기 전에 주위를 빙 둘러보면 큰 시계가 시야에 들어오는 경우가 있다. 그런 편리한 나라를 나는 좋아한다. 시민에 대한 배려라고 생각하기 때문이다.

(注1) 電気釜 : 전기의 힘으로 밥을 짓는 물건

(注2) 仕事柄 : 일의 형편상, 일 관계로

(注3) 腕時計 : 손목에 차는 시계

(注4) 携帯 : '휴대전화'의 짧아진 이름

5  이미 100%를 넘었다고 하는데, 가장 큰 이유는 무엇인가?

1  어린아이도 휴대전화를 가지고 있기 때문에

2  휴대전화는 무척 싸기 때무에

3  휴대전화 보급률은 인구를 약간 밑돌고 있기 때문에

4  휴대전화를 여러 대 사용하는 사람도 적지 않기 때문에

6  이 글을 쓴 사람의 직업으로서 가장 가능성이 높은 것은 무엇인가?

1  시계점 주인

2  시계 수리공

3  비즈니스맨

4  저널리스트

7  이 글의 내용으로서 알맞지 않은 것은 어느 것인가?

1  휴대전화 보급률은 인구를 웃돈다.

2  우리 주변은 시계가 많이 있다.

3  거리에 시계가 적어도 살기 좋은 나라가 있다.

4  이 글을 쓴 사람은 시민에 대한 배려를 기준으로, 살기 좋은 나라와 그렇지 않은 나라를 구별한다.

時計を持っている 시계를 가지고 있다, 시계를 차고 있다 | 普通 보통 | 各家庭 각 가정 | 壁時計 벽시계 | 必ず 반드시 | 以上 이상 | 携帯電話 휴대전화 | 普及率 보급률 | すでに 이미 | 超える 넘다 | 〜台 〜대 | けっこう 꽤 | 当然 당연히 | 付く 붙다, 딸리다 | 電気釜 전기밥솥 | 電子レンジ 전자레인지 | 運転席 운전석 | パソコン 퍼스널 컴퓨터, PC | 画面 화면 | 〜だらけ 〜투성이 | 暮らす 살다, 생활하다 | 仕事柄 직업상 | 海外 해외 | 出かける 나가다, 외출하다 | 取材する 취재하다 | 街中 시내, 시가지 | 大きな 커다란, 큰 | 数 수, 숫자 | 住みやすい 살기 좋다 | 国 나라 | 区別 구별 | 場合 경우 | 腕時計 손목시계 | カメラ 카메라 | 急ぐ 서두르다 | すら 조차 | ひまがない 짬이 없다 | といっても 그렇다고 해도 | オーバーだ 오버하다, 과장되다 | 言い方 표현, 말투 | かばん 가방 | 置く 놓다, 두다 | ぐるりと 빙 | 周り 주변 | 見回す 둘러보다 | 大時計 큰 시계 | 視野に入る 시야에 들어오다 | 便利だ 편리하다 | 市民 시민 | 配慮 배려 | 力 힘 | ご飯を作る 밥을 짓다 | 都合上 형편상 | 関係 관계 | 手首につける 손목에 차다 | 短い 짧다 | 最大 최대 | 人口 인구 | やや 조금 | 下回る 밑돌다 | 複数 복수 | 職業 직업 | 時計店 시계점 | 店主 점주, 주인 | 修理工 수리공 | ビジネスマン 비즈니스맨 | ジャーナリスト 저널리스트 | 上回る 웃돌다 | 街 거리 | 基準 기준

(2)

> 지금 일본의 사회 문제로서 '출생률 저하 현상'이라는 것이 있다. 이것은 문자 그대로 태어나는 아이의 수가 적어지는 현상을 의미한다. 그럼에도 불구하고 아주 조금씩(注1) 총인구는 계속 늘고 있다. '출생률 저하 현상'과 '총인구의 증가'는 얼핏 보기에(注2) 모순된(注3) 것처럼 보이지만, 현실은 대체로 ①그렇다.
>
> 이런 모순이 어디서 오는가 하면, 태어나는 아이의 수는 분명히 줄고 있는데도 평균 수명(注4)이 계속 늘고 있기 때문이다. 물론 '출생률 저하 현상'이 쭉 계속되면 언젠가는 총인구는 줄 수밖에 없어진다. 왜냐하면 평균 수명의 증가는 지금의 의학으로는 영원히 계속되는 것이 아니기 때문이다.
>
> ②그 문제보다도 지금 내가 여기서 말하고 싶은 것은 '출생률 저하 현상'에 의한 산업 활동의 약화, 그리고 그에 따른 노인에 대한 사회적 부담의 증가이다. 실제 일본은 이미 총인구의 증가는 멈추고, 줄어드는 나라가 되었다. 고령화와 저출산의 파도는 점점 높아지고 있으며 미래는 밝다고는 말할 수 없게 되었다. (후략)
>
> (注1) わずかながら : 아주 조금씩
>
> (注2) 一見 : 얼핏 보면
>
> (注3) 矛盾する : 이야기의 앞뒤가 맞지 않다
>
> (注4) 平均寿命 : 어느 나라 국민의 태어나서 죽을 때까지 사는 평균 연수

8 ① 그렇다의 내용으로서 알맞은 것은 어느 것인가?

1 총인구는 계속 늘고 있다.

2 사회문제가 계속 늘고 있다.

3 모순된다.

4 출생률 저하 현상이 계속되고 있다.

9 ② <u>그런 문제보다도라고 하는데, 무슨 의미인가?</u>

**1** 출생률 저하 현상에 관한 문제보다도

**2** 총인구가 늘어나는 문제보다도

**3** 현대 의학이 이 이상 발전하지 않는 것보다도

**4** 출생률 저하 현상과 총인구 증가가 계속되는 것보다도

10 이 글의 내용으로서 알맞지 않은 것은 어느 것인가?

**1** 출생률 저하 현상은 아직 계속되고 있다.

**2** 총인구 증가는 이미 멈추고, 조금씩 줄기 시작했다.

**3** 노인에 대한 사회적 부담은 아주 조금씩이지만 줄고 있다.

**4** 평균 수명은 계속 늘고 있다.

---

社会問題 사회문제｜小子化 소자화, 저출생, 출생률 저하 현상｜文字どおり 문자 그대로, 말 그대로｜生まれる 태어나다｜子供 어린이, 아이｜現象 현상｜意味する 의미하다｜にもかかわらず 그런데도, 그럼에도 불구하고｜わずかながら 아주 조금씩｜総人口 총인구｜増える 늘다｜～続ける 계속 ～하다｜増加 증가｜一見 일견, 얼핏 보면｜矛盾する 모순되다｜現実 현실｜大体 대체로, 대개｜確かに 확실히, 분명히｜減る 줄다｜平均寿命 평균 수명｜伸びる 늘다, 늘어나다｜ずっと 계속, 쭉｜続く 계속되다｜なぜかと言うと 왜냐하면｜医学 의학｜永遠に 영원히｜～による ～에 의한, ～에 따른｜産業 산업｜活動 활동｜弱化 약화｜老人 노인｜～に対する ～에 대한｜社会的負担 사회적 부담｜～ずつ ～씩｜話 이야기｜前後 전후, 앞뒤｜合う 맞다｜ある 어느, 어떤｜国民 국민｜死ぬ 죽다｜平均年数 평균 연수｜発展する 발전하다

**문제 6** 다음 글을 읽고, 질문에 답하시오. 답은 1 · 2 · 3 · 4에서 가장 알맞은 것을 하나 고르시오.

---

일본어는 '발음의 수가 매우 적다'라는 이야기가 있는데, 모든 언어를 조사할 수는 없으므로 ①이 이야기가 어디까지 타당한(注1)지는 말하기 어려운 면이 있다. 그러나 주요 국제어와 비교한다면 그것은 말하지 못할 것도 없다. 물론 발음의 수란 외국어를 배울 때의 한 비교이지, ②매일 일본어를 사용하는 일본인으로서는 아무 관계도 없다. 아무런 불편을 느끼지 않기 때문이다.

잠시 딴 이야기인데, '일본어의 특징'이나 '일본인론'이 곧잘 화제가 되는 것은, 아시아의 작은 섬나라(국토가 넓은 나라의 사람이 보면)의 분발이 눈에 띄기 때문이라고 본다. 가전제품 · 자동차 등은 물론, 영어가 된 'karaoke(노래방)' · 'sushi(초밥)' · 'karoushi(과로사)' · 'tsunami(해일)' · 'judo(유도)' 등의 발신 기지이기도 하기 때문일 것이다.

일본어의 특징으로서 또 하나 자주 화제가 되는 것이 '동음이의어(注2)'이다. 한자명사에서 많이 볼 수 있는 동음이의어가 아니라, 고유어에 관한 이야기. 예컨대 'はし'라고 하면 '橋(다리)' · '箸(젓가락)' · '端(끝)' 등이 있고, 히라가나로 쓰면 구별이 잘 되지 않는다. 'かえる' 같은 경우에는 '帰る(집에 돌아가다)' · '変える(바꾸다)' · '返る(되돌아가다)' · '代える(대신하다)' · '蛙(개구리)'가 있어서 더 어렵다. 물론 우리가 대화를 할 때는 전체 '상황'이 있기 때문에 의미상의 혼동은 거의 일어나지 않는다.

학설은 별개로 치고 '발음의 수가 적다' · '동음이의어가 많다'라는 일본어의 특징은 한자의 도입에 의해 많이 보완되었고 한자를 씀으로써 의미를 알기 쉽게 되었다. 또 '가타카나' 덕분에 고유어와 외래어의 구별이 쉬워졌다. 그런 의미에서 한자는 대단히 고마운 문자라고 말해도 좋다고 본다.

( 권영부『우리가 몰랐던 일본어』에서 )

(注1) 妥当 : 적절, 바르다(맞다)

(注2) 同音異義語 : 발음은 같지만 의미가 다른 단어

---

11 ① 이 이야기의 의미는 무엇인가?

1 일본어는 문법이 어렵다.

2 일본어는 한자를 사용한다.

3 일본어는 발음이 쉽다.

4 일본어는 발음이 단조롭다.

12 ② 매일 일본어를 사용하는 일본인으로서는 아무런 관계도 없다고 하는데, 이것은 어떤 의미인가?

1 발음의 수가 적어도 일본인도 외국어를 할 수 있다.

2 발음의 수를 의식하지 않고 일본인은 자유롭게 대화하고 있다.

3 발음의 수가 적은 일본어는 외국어를 배우기 어렵다.

4 발음의 수가 적은 일본어의 특징을 몰라도 일본인은 불편을 느끼지 않는다.

13 이 글에 쓰인 '일본어의 특징'으로서 관계가 없는 것은 어느 것인가?

  1 일본어는 발음의 수가 많지 않다.

  2 일본어는 어려운 한자를 많이 사용하고 있다.

  3 일본어는 문자 체계가 풍부하다.

  4 일본어는 동음이의어가 많다.

14 이 글의 내용으로서 알맞지 않은 것은 어느 것인가?

  1 고유어와 외래어를 구별하여 쓸 수 있는 것은 일본어의 특징이다.

  2 일본어는 동음이의어가 많아서 회화를 할 때 혼동을 일으키는 경우도 자주 있다.

  3 일본어 속에서의 한자의 역할은 크다.

  4 일본어의 발음 수는 일본인끼리라면 특별한 의미를 갖지 않는다.

---

発音 발음 | すべて 전부, 모두 | 言語 언어 | 調べる 알아보다, 조사하다 | 妥当 타당 | 言いにくい 말하기 어렵다 | 面 면 | 主な 주요한 | 国際語 국제어 | 比べる 비교하다 | 外国語 외국어 | 習う 배우다 | 比較 비교 | 毎日 매일 | 使う 사용하다 | 関係 관계 | 不便 불편 | 感じる 느끼다 | ちょっと 잠시, 잠깐 | 別の話 다른 이야기 | 特徴 특징 | 日本人論 일본인론 | 話題 화제 | アジア 아시아 | 小さな 작은 | 島国 섬나라 | 国土 국토 | がんばり 분발함, 끝까지 버팀 | 目立つ 눈에 띄다 | 家電製品 가전제품 | 自動車 자동차 | カラオケ 가라오케(karaoke), 노래방 | すし 스시(sushi), 초밥 | 過労死 과로사(karoushi) | 津波 쓰나미(tsunami), 해일 | 柔道 유도(judo) | 発信 발신 | 基地 기지 | 同音異義語 동음이의어 | 漢字名詞 한자명사 | 固有語 고유어 | 例えば 예를 들어, 예컨대 | 橋 다리 | 箸 젓가락 | 端 끝, 끄트머리 | ひらがな 히라가나 | 区別がつきにくい 구별이 잘 안 간다 | 帰る 돌아가(오)다 | 変える 바꾸다 | 返る (원점으로) 돌아가다 | 蛙 개구리 | 難しい 어렵다 | われわれ 우리 | 会話 회화, 대화 | 全体 전체 | 混同 혼동 | ほとんど 거의, 대부분 | 学説 학설 | 別とする 별개로 하다 | 導入 도입 | だいぶ 상당히, 꽤 | 補う 보충하다 | カタカナ 가타카나 | 外来語 외래어 | ありがたい 고맙다, 감사하다 | 適切 적절 | 正しい 올바르다, 맞다 | 違う 다르다 | 言葉 말, 단어 | 文法 문법 | やさしい 쉽다 | 単調だ 단조롭다 | 意識せず 의식하지 않고 | 自由に 자유롭게 | 不自由する 자유롭지 못하다, 불편하다 | 文字体系 문자 체계 | 豊富だ 풍부하다 | 役割 역할 | ～同士 ～끼리 | 特別だ 특별하다

**문제 7** 다음 페이지는 '어느 대학의 단축 마라톤 대회에 관한 알림'이다. 다음 글을 읽고 아래의 질문에 답하시오. 답은 1·2·3·4에서 가장 알맞은 것을 하나 고르시오.

15 이 '단축 마라톤 대회'의 내용으로서 알맞은 것은 어느 것인가?

**1** 이 단축 마라톤 대회는 야마모토 시가 중심이 되어서 한다.

**2** 남자도 여자도 10㎞ 코스를 달릴 수 있다.

**3** 우승 상금은 20만 엔이다.

**4** 신청은 이메일로는 불가능하다.

16 다음 중 '단축 마라톤 대회'에 참가할 수 없는 사람은 누구인가?

**1** 지금 휴학 중인 여학생

**2** 현재 재학 중인 남학생

**3** 졸업생으로 야마모토 대학에 근무하는 50세 남성 교수

**4** 시청 직원으로 올해 55세인 여성

---

### ★교내 단축 마라톤 대회 알림★

　야마모토 대학 설립 100주년을 맞이하여, 본 대학과 야마모토 시가 협력하여 '단축 마라톤 대회'를 실시합니다. 참가 희망자는 이하의 내용을 잘 읽고 신청해 주십시오.

학장 소 하야토

　1 대회 일시 : 5월 5일

　2 장소 : 본 대학 운동장과 야마모토 시내

　　코스 1 : 본 대학 — 야마모토 공원 — 시청 — 본 대학 10km (남녀 모두 가능)

　　코스 2 : 본 대학 — 야마모토 공원 — 오가와 캠퍼스 5km (여자만)

　3 상금 : 우승 30만 엔, 준우승 20만 엔, 3위 10만 엔

　4 참가 신청

　　1) 원칙적으로 본 대학 재학생이라면 누구나 가능

　　2) 휴학 중인 학생

　　3) 졸업생이고 만 55세 미만인 남녀

　　4) 신청 기간 : 4월 1일~4월 26일 (금·오후 4시까지)

　　　　* 대학 사무국 체육계까지

　　　　* 직접 신청·이메일 신청도 마감 시간은 같음

　　　　* 이메일 신청(yamamotuniv@itsumo.co.jp)의 경우에는 서류를 PDF로 변환할 것

5 제출 서류

　① 건강확인서(양식은 체육계에 있음. 건강에 이상이 없다는 사실의 자기 확인)

　② 대회 출전 신청서(양식은 체육계에 있음. 사진 3×4cm 1장 필요)

　③ 학생증 복사본

　　* 휴학생은 휴학증명서를, 졸업생은 졸업증명서를 첨부할 것

6 대회 당일의 주의사항

　① 대회 출전 신청서의 사본을 가지고 올 것

　② 달리기 좋은 복장으로 대회 당일, 반드시 8시 30분까지 제1강당에 도착할 것

** 자세한 것은 대학 사무국 체육계(☎123-4567번)에 문의해 주세요!

---

ミニマラソン大会 미니 마라톤 대회, 단축 마라톤 대회 ┃ ～に関する ～에 관한 ┃ お知らせ 알림, 공지 ┃ メインになる 메인이 되다, 주가 되다, 중심이 되다 ┃ 行う 행하다, 실시하다 ┃ 男子 남자 ┃ 女子 여자 ┃ コース 코스 ┃ 走る 달리다 ┃ 優勝 우승 ┃ 賞金 상금 ┃ 申込み 신청 ┃ Eメール 이메일 ┃ 参加 참가 ┃ 休学 휴학 ┃ ～中 ～(하는) 중 ┃ 現在 현재 ┃ 在学 재학 ┃ 卒業生 졸업생 ┃ 勤める 근무하다 ┃ 教授 교수 ┃ 市役所 시청 ┃ 職員 직원 ┃ 今年 금년, 올해 ┃ 学内 학내, 교내 ┃ 設立 설립 ┃ ～周年 ～주년 ┃ 迎える 맞이하다 ┃ 協力する 협력하다 ┃ 希望者 희망자 ┃ 申請する 신청하다 ┃ 学長 학장 ┃ 日時 일시 ┃ 運動場 운동장 ┃ 市内 시내 ┃ 公園 공원 ┃ 男女 남녀 ┃ ともに 함께, 같이 ┃ 可 가, 가능 ┃ キャンパス 캠퍼스 ┃ ～のみ ～만, ～뿐 ┃ 準優勝 준우승 ┃ 原則として 원칙적으로 ┃ 在学生 재학생 ┃ 未満 미만 ┃ 期間 기간 ┃ 事務局 사무국 ┃ 体育係 체육계, 체육 담당 ┃ 直接 직접 ┃ 締め切り 마감 ┃ 同様 마찬가지 ┃ 書類 서류 ┃ 変換する 변환하다 ┃ 提出 제출 ┃ 健康確認書 건강확인서 ┃ フォーム 폼, 양식 ┃ 異常 이상 ┃ 自己確認 자기 확인 ┃ 出場 출장, 출전 ┃ 申込書 신청서 ┃ 写真 사진 ┃ 学生証 학생증 ┃ コピー 사본, 복사 ┃ 休学証明書 휴학증명서 ┃ 卒業証明書 졸업증명서 ┃ 添付 첨부 ┃ 当日 당일 ┃ 注意事項 주의사항 ┃ 服装 복장 ┃ 必ず 반드시, 꼭 ┃ 講堂 강당 ┃ 着く 도착하다 ┃ 詳しい 상세하다, 자세하다

**내용 이해 - 단문**

문제 4   다음 (1)에서 (4)의 글을 읽고, 질문에 답하시오. 답은 1·2·3·4에서 가장 알맞은 것을 하나 고르시오.

(1)

UFO(注)를 둘러싸고 그것이 정말로 실재하는지 아닌지 하는 이야기만큼 흥미로운 것도 없을 것이다. '실재하지 않는다'고 말하는 사람이 많은 가운데 '봤다'고 말하는 사람도 있다. TV 같은 데서 이 화제를 거론하면, 관심이 쑥 올라가 시청률이 갑자기 상승하기도 한다. 나는 그 존재를 믿는다. 초등학교 6학년 때에 밤하늘에 빛나는 비행물체를 직접 본 적이 있기 때문이다. 더군다나 생각할 수 없을 정도로 빠른 속도로 이동하였기에 UFO의 실재를 확신하고 있다.

(注) UFO : 미확인 비행 물체

1  이 글의 내용으로서 알맞지 않은 것은 어느 것인가?

1  UFO는 틀림없이 존재한다.

2  UFO에 관한 방송이 나오면 바로 시청률에 변화가 온다.

3  굉장한 속도로 이동하는 비행물체를 직접 봤기 때문에, UFO의 존재를 믿게 되었다.

4  밤하늘에 빛나는 비행물체를 본 경험이 있기 때문에, UFO의 존재를 믿고 있다.

---

めぐる 둘러싸다 | 本当に 정말로 | 実在する 실재하다 | ～かどうか ～인지 아닌지 | ～ほど ～만큼, ～정도 | 興味深い 매우 흥미롭다 | テレビ 텔레비전 | 話題 화제 | 取り上げる 거론하다, 언급하다, 다루다 | 関心 관심 | ぐっと 쑥 | 高まる 높아지다, 고조되다, 올라가다 | 視聴率 시청률 | 急に 갑자기 | 上がる 오르다, 올라가다 | 存在 존재 | 信じる 믿다 | 小学校 초등학교 | ～年生 ～학년 | 夜空 밤하늘 | 輝く 빛나다 | 飛行物体 비행물체 | しかも 게다가, 더군다나 | 速さ 속도, 빠르기 | 移動する 이동하다 | 確信する 확신하다 | 未確認 미확인 | 間違いない 틀림없다 | 放送が流れる 방송이 나오다 | すぐに 바로, 곧 | 変化 변화 | ものすごい 대단하다 | 直接 직접 | 経験 경험

(2)

> ‘천리 둑(注)도 개미 구멍으로부터 (무너진다)’라는 격언이 있다. 길고 긴 둑도 아주 작은 개미 구멍에 의해 무너진다는 의미이다. 얼마 전 150명이나 태운 여객기가 지상에 떨어지는 대참사가 일어났는데, 원인은 한 개의 망가진 볼트에 있었다고 한다. 한마디 실언으로 오랫동안 쌓아 온 우정도, 화목한 가정도 깨지거나 한다. 큰 일도 중요하지만 매일 겪는 작은 일의 중요성을 우리들은 이 격언에서 배워야 한다.
>
> (注) 堤 : 호수나 강물이 넘치지 않도록 흙을 높게 쌓은 것, 제방

**2** 이 글을 쓴 사람이 가장 주장하고 있는 것은 어느 것인가?

**1** 작은 개미 구멍도 불행의 원인이 되는 경우가 있다.

**2** 대참사를 막기 위해서 작은 부품의 손질을 잊어서는 안 된다.

**3** 한마디의 실언으로 가정이 붕괴되는 일도 있기 때문에 말투에는 주의해야 한다.

**4** ‘선인의 지혜를 간추린 말’을 중시할 필요가 있다.

---

千里 천리 | 堤 둑, 제방 | 蟻 개미 | 穴 구멍 | 格言 격언 | とっても 대단히, 매우(とても의 힘줌말) | 壊れる 깨지다, 부서지다, 고장나다 | 乗せる 태우다 | 旅客機 여객기 | 地上 지상 | 落ちる 떨어지다 | 大惨事 대참사 | 起きる 일어나다, 발생하다 | 原因 원인 | ～本 가늘고 긴 것을 세는 말(개, 개비, 자루) | ボルト 볼트 | 一言 한마디 | 失言 실언 | 長年 오랫동안, 오랜 세월 | 築く 쌓다, 쌓아 올리다 | 友情 우정 | 和やかだ 화목하다 | 家庭 가정 | 大事だ 중요하다, 소중하다 | 日々 나날, 매일 | 重要性 중요성 | 学び取る 배워서 가지다, 배워서 내 것으로 만들다 | 湖 호수 | 川の水 강물 | あふれる 넘치다 | 土 흙 | 積む 쌓다 | 堤防 제방 | 主張する 주장하다 | 不幸 불행 | 防ぐ 막다, 방지하다 | 部品 부품 | 手入れ 손질, 관리 | 忘れる 잊다, 잊어버리다 | 言葉づかい 말씨, 말투 | 気をつける 주의하다, 조심하다 | 先人 선인, 조상 | 知恵 지혜 | まとめる 정리하다, 모으다 | 重視する 중시하다

---

(3) 이하의 글은 가입자를 모집하는 내용의 안내문이다.

> 평균 수명이 훨씬 늘어나 남녀 모두 80세를 넘겼는데도, 회사에서 일할 수 있는 것은 아직도 60세 정도가 대부분입니다. 퇴직금을 받아도 안전하게 투자할 수 있는 곳도 그렇게 많지 않습니다. 병이나 사고, 회사의 파산 등 예기치 못한(注1) 일도 현실에는 많이(注2) 있습니다. 한 살이라도 젊으실 때 준비하지 않으면 자꾸 늦어져 버립니다. (주)사쿠라 화재는 여러분의 곁에서 여러분을 응원하고 있습니다.
>
> (注1) 予期せぬ : 예상할 수 없는
>
> (注2) 多々 : 많이

**3** 위의 안내문과 가장 관계가 깊은 것은 다음 중 어느 것인가?

**1** 상해보험 안내문

**2** 학자금을 확보하기 위한 보험 안내문

**3** 노후를 대비하기 위한 보험 안내문

**4** 자동차를 운전하는 사람을 위한 보험 안내문

加入者 가입자 | 募集する 모집하다 | 案内文 안내문 | 平均寿命 평균 수명 | ぐんと 쭉, 확, 훨씬 | 伸びる 늘다, 뻗다 | 男女共に 남녀 모두, 남녀 다 같이 | 超える 넘다 | 働く 일하다 | まだまだ 아직도 | 退職金 퇴직금 | もらう 받다 | 安全に 안전하게 | 投資 투자 | 病気 병, 질환 | 事故 사고 | 倒産 도산, 파산 | 予期せぬ 예기치 못한 | 出来事 일, 사건, 사고 | 現実 현실 | 多々 많이 | お若いうちに 젊으신 동안에(お는 존경의 접두사) | 準備する 준비하다 | どんどん 점점, 계속해서 | 遅れる 늦어지다, 지각하다 | 株 주식, 주식회사 | 火災 화재 | 皆様 여러분 | おそば 곁, 옆(お는 존경의 접두사) | 応援いたす 응원하다(する의 겸양어) | 予想 예상 | 関係が深い 관계가 깊다 | 障害 상해 | 保険 보험 | 学資金 학자금 | 確保する 확보하다 | 老後 노후 | 備える 준비하다, 대비하다 | 自動車 자동차 | 運転する 운전하다

(4)

> 우리는 평소 매일 누군가와 대화를 하면서 생활을 영위하고(注1) 있습니다. 대화를 하는 목적은 보통은 자신에 관한 일을 이해시키기 위해 하는 경우가 많다고 말할 수 있습니다. 또 상대의 이야기를 들어주는 경우도 자주 있습니다. 남의 이야기를 듣고 조언을 하거나 때로는 기쁨도 슬픔도 함께 나누어 가지는 경우도 있습니다. 대화의 목적이라고 할 수 없는 대화도 있는데, 그것이 다른 사람에 관한 이야기, 소문(注2)인 것입니다. 남의 이야기는 되도록이면 좋은 이야기를 했으면 하는 바람입니다.
>
> (注1) 営む : 무언가를 하다, 행하다
>
> (注2) 噂 : 남에 관한 이야기, 소문

[4] 이 글에는 '남의 이야기'가 두 번 사용되었다. 알맞은 조합은 어는 것인가?

1 앞의 '남의 이야기' – 자신의 이야기, 뒤의 '남의 이야기' – 상대의 이야기

2 앞의 '남의 이야기' – 자신의 이야기, 뒤의 '남의 이야기' – 제삼자의 이야기

3 앞의 '남의 이야기' – 상대의 이야기, 뒤의 '남의 이야기' – 자신의 이야기

4 앞의 '남의 이야기' – 상대의 이야기, 뒤의 '남의 이야기' – 제삼자의 이야기

普段 평소 | 毎日 매일 | 対話 대화 | 生活 생활 | 営む 영위하다 | 目的 목적 | 普通 보통 | 場合 경우 | 相手 상대, 상대방 | アドバイス 조언, 충고 | 時には 때로는 | 喜び 기쁨 | 悲しみ 슬픔 | 分かち合う 나누어 가지다 | 噂 소문, 남의 이야기 | なるべく 되도록, 가능한 한 | 伝える 전하다, 전달하다 | 行う 행하다, 거행하다 | 組み合わせ 조합 | 前 앞, 전 | 後 뒤 | 第三者 제삼자

문제 5  다음 (1)과 (2)의 글을 읽고, 질문에 답하시오. 답은 1·2·3·4에서 가장 알맞은 것을 하나 고르시오.

(1)

속담(注1)은 그 나라·그 민족의 역사가 낳은 지혜라고 나는 믿는다. 우리나라 속담에도 마음에 드는 것이 많이 있지만, 일본의 속담에도 훌륭한 것이 적지 않다. 가장 고맙게 생각하는 것이 '①短気は損気'이다. 이것은 '성질이 급하면 손해 보기 쉽다'라는 의미로, 결론을 서두르는 것은 좋지 않다는 뜻의 속담이다. 예를 들어 회사 같은 곳에서 이해하기 힘든 일이 있는 경우, 바로 사표를 내거나(注2) 하면 결국 판단 실수로 끝나기 쉽다, 이것이 '短気は損気'인 것이다. 비슷한 속담에 '言わぬが花(말을 하지 않는 것이 최고)'라는 것도 있다. '너무 결론을 일찍 말해 버리지 말고 잠자코 있으시오'라는 의미의 속담으로, 경솔한 언동을 하지 않도록 우리에게 충고한다. 이런 속담들을 좋아하게 된 것은 지금까지의 자신의 인생 중에서 이런 것들에 해당하는 그런 일이 적지 않았기 때문이다. ②선인(注3)의 지혜는 역시 지키는 편이 좋다고 생각한다. 좀 소극적일지는 모르겠지만, 그것이 안전한 경우가 많다고 생각된다.

(注1) ことわざ : 옛날부터 들려오는 교훈·지혜 등의 내용을 담은 정해진 표현

(注2) 辞表を出す : 회사에 대하여 일을 그만둔다는 의사를 써서 내다

(注3) 先人 : 옛날 사람

5  이 글에서 말하는 ① 短気は損気에 해당하는 예로서 알맞은 것은 어느 것인가?

1  친구와 싸운 다음 날, '어제는 미안했어'라고 말했다.

2  친구와 싸운 다음 날, '이제 너랑은 다시는 만나지 않을 거야'라고 말했다.

3  사이가 나쁜 친구에게 '같이 영화보러 가지 않을래'라고 권했다.

4  사이가 좋은 친구에게 '안색이 안 좋네, 무슨 일 있어?'라고 물었다.

6  ② 선인의 지혜와 관계가 없는 것은 어느 것인가?

1  태양은 동쪽에서 뜬다

2  속담

3  성질이 급하면 손해를 본다

4  말을 하지 않는 것이 최고

7  이 글의 내용으로서 알맞지 않은 것은 어느 것인가?

1  결론은 빨리 내는 것이 아니다.

2  어쨌든간에 적극적으로 사는 편이 좋다.

3  이 글을 쓴 사람은 일본인이 아니다.

4  이 글을 쓴 사람은 빨리 결론을 내 실패한 적이 있다.

ことわざ 속담 | 民族 민족 | 歴史 역사 | 生む 낳다 | 知恵 지혜 | 気に入る 마음에 들다 | すばらしい 훌륭하다, 대단하다 | 一番 가장, 제일 | ありがたい 고맙다, 감사하다 | 短気は損気 성질이 급하면 손해를 본다(여기서 損気는 독립된 어휘가 아니라 리듬을 취해 주는 역할을 함) | 気が短い 성질(성격)이 급하다 | 損しやすい 손해 보기 쉽다 | 結論を急ぐ 결론을 서두르다 | 例えば 예를 들어, 예컨대 | 理解に苦しむ 이해하기 어렵다 | 辞表を出す 사표를 내다 | 結局 결국 | 判断ミス 판단 미스, 판단 실수 | ～に終わる ～으로 끝나다, ～의 결과로 되다 | 似る 비슷하다, 닮다 | 言わぬが花 말을 하지 않는 것이 꽃(최고)이다, 침묵은 금이다 | あまり 너무 | 黙る 잠자코 있다, 입 다물다 | 軽率だ 경솔하다 | 言動 언동, 말과 행동 | 忠告する 충고하다 | 人生 인생 | 当たる 해당하다 | 先人 선인, 조상 | やはり 역시 | 守る 지키다 | ～た方がいい ～하는 편이 좋다 | 少々 조금, 다소 | 消極的 소극적 | 安全だ 안전하다 | 教訓 교훈 | 含む 포함하다 | 決まった 정해진, 일정한 | 例 예 | ケンカする 싸우다, 다투다 | 次の日 다음 날 | 昨日 어제 | ごめん 미안 | お前 너 | 二度と 두 번 다시, 다시는 | 付き合う 어울리다, 사귀다, 행동을 같이 하다 | 仲が悪い 사이가 나쁘다 | 一緒に 함께, 같이 | 誘う 권유하다 | 仲がいい 사이가 좋다 | 顔色が悪い 안색이 나쁘다 | 聞く 묻다, 듣다 | 関係 관계 | 太陽 태양 | 東 동쪽 | 出る 나오다, 뜨다 | 積極的に 적극적으로 | 生きる 살다 | 失敗 실패, 실수

(2)

> 무엇을 위해 사느냐는 질문을 받았다면 당신은 뭐라고 대답할까요? 바로 대답할 수 있는 사람도, 그렇지 못한 사람도 있겠죠. 저는 가르치고 있는 학생들에게 이 주제로 영작을 써서 내게 한 적이 있습니다. 답 중에서 가장 많았던 것이 '행복해지기 위해'였습니다. 또 같은 방식으로 '당신은 지금 행복합니까?'라고 물었더니, 가장 많았던 대답이 '아니요, 행복을 느끼지 못합니다'였습니다. 다음 주에 다시 한 번 '행복을 느낄 수 없는 이유·원인은 무엇이라고 생각합니까?'라고 주제를 내주었더니, 대부분의 사람이 '잘 모르겠습니다'였습니다.
>
> 다음은 제 차례(注1)였습니다. 물어보고는 그렇구나'라고 하는 것은 수업으로서는 재미없지요. '아마 그렇게 생각하는 것은 행복한데도 그것을 깨닫지 못하고 있기 때문은 아닐까요?'라는 것이 저의 주된 답변(注2)이었습니다. 그리고 좀 더 덧붙인(注3) 것이 과욕·노력 부족 등이었습니다.
>
> (注1) 番 : 무언가를 하는 순번, 순서
>
> (注2) 台詞 : 대답, 설명, 대사
>
> (注3) 付け加える : 더하다, 추가하다, 덧붙이다

**8** 이 글을 쓴 사람의 직업으로 가장 가능성이 높은 것은 어느 것인가?

**1** 영어 선생님

**2** 국어 선생님

**3** 행복 전도사

**4** 철학 교수

'물어보고는 그렇구나'라고 하는 것은 수업으로서는 재미없는 것이죠라고 하는데, 그것은 어떤 의미인가?

1 작문 과제를 내기만 하고 그에 관한 이야기가 없는 것

2 작문 과제를 내고 그에 관한 대답을 제시하는 것

3 작문을 읽고 틀린 해석에 대해 설명을 하지 않는 것

4 행복의 의미를 충분히 설명하지 않는 것

이 글의 내용으로서 알맞지 않은 것은 어느 것인가?

1 행복을 느끼지 못하는 것은 노력이 부족한 탓이다.

2 행복을 느끼지 못하는 것은 욕심을 너무 많이 내기 때문이다.

3 행복을 느끼지 못하는 것은 행복한데도 그것을 스스로 느끼지 못하기 때문이다.

4 노력만 하면 행복해질 수 있다.

---

聞かれる 질문을 받다 | 答える 대답하다 | 教える 가르치다 | テーマ 테마, 주제 | 英作文 영작, 영어 작문 | 〜ても
らう 〜하게 하다 | 最も 가장, 제일 | 幸せ 행복 | やり方 방법, 태도 | 感じる 느끼다 | 次の週 다음 주 | 理由 이유 |
よく 잘, 자주 | 番 차례 | 授業 수업 | 多分 아마, 거의, 대개 | 気づく 알아차리다, 눈치 채다, 깨닫다 | 主だ 주요하다,
주되다 | 台詞 대사, 답변 | 付け加える 덧붙이다, 추가하다 | 欲の出しすぎ 과욕 | 努力不足 노력 부족 | 順番 순서,
차례 | 順序 순서 | 説明 설명 | プラスする 더하다 | 追加する 추가하다 | 職業 직업 | 可能性 가능성 | 先生 선생님,
교수 | 国語 국어 | 伝道師 전도사 | 哲学 철학 | 教授 교수 | 作文 작문 | 課題 과제 | 提示する 제시하다 | 間違う 틀
리다, 잘못되다 | 訳 해석 | 十分 충분히 | 足りない 부족하다 | せい 탓 | 自ら 스스로 | 〜さえすれば 〜만 하면

**문제 6** 다음 글을 읽고, 질문에 답하시오. 답은 1·2·3·4에서 가장 알맞은 것을 하나 고르시오.

우리는 지금 인터넷 덕분에 ①아주 편리한 생활을 할 수 있다. 먼저 집 안에서 국내는 물론 세계의 움직임도 간단히 알 수가 있다. 좋아하는 음악을 들을 수 있고 여러 가지 자료도 조사할 수 있다. 이메일보다도 편리한 화상 통신도 ＯＫ. 더군다나 무료. 옛날에는 문맹(注1)이 문제였는데, 지금은 컴맹(注2)이라면 ②그야말로 손해 보는 시대이다.

PC의 기능도 나날이 향상되어, 찍은 사진을 직접 프린트하는 것도 가능하다. 내 경우 디지털 카메라나 스마트폰으로 찍은 것을 취향대로 보정하여 내 방에서 만들고 있다.

그런데 최근 당연히 좋은 일만 있어야 할 인터넷·컴퓨터에 좀 ③불안을 느끼고 있다. 보이스 피싱(注3)은 원래 전화 금융 사기였는데, 최근에는 가짜 사이트(注4)까지 등장, 금융 사건이 대형화하고 있다. 또한 이름도 모르는 사람이 올린 자료도 신용할 수 없는 것이 많이 있다고 한다. 잘못된 정보라면 없는 편이 낫다. 또 남의 컴퓨터에 침입하여 자료를 훔치거나 망가뜨려 버리는 해킹도 겁난다. 안전한 사용법을 익히는 것도 힘든 작업이고, 입력 실수로 몇 달씩 고생하여 만들어 온 자료가 사라져 버려, 살아갈 의욕을 잃은 적도 있다. 편리해야 할 인터넷·컴퓨터가 오히려 우리를 피곤하게 하고 있다.

(注1) 文盲 : 문자를 못 읽는 사람, 또는 그런 일

(注2) パソコン音痴 : 컴퓨터의 사용법을 잘 모르는 사람

(注3) オレオレ詐欺 : 전화를 걸어 거짓 정보를 알려주고 돈을 송금해서 받는 행위

(注4) 偽のサイト : 실재하지 않는 거짓 사이트

**11** ① 아주 편리한 생활을 할 수 있다라고 하는데, 내용으로서 알맞은 것은 어느 것인가?

**1** 인터넷에 접속하면 무엇이든 가능하다.

**2** 인터넷에 접속하면 무엇이든 살 수 있다.

**3** 인터넷에 접속하면 국내외의 뉴스를 전부 알 수 있다.

**4** 인터넷을 사용하면 멀리 있는 사람과 무료로 얼굴을 보면서 이야기할 수 있다.

**12** ② 그야말로 손해 보는 시대라고 하는데, 무엇을 손해 보는가?

**1** 무료인데도 돈을 지불하는 것

**2** 아주 편리한 기능이 있는데도 사용하지 못하는 것

**3** 좋아하는 음악을 들을 수 있는데도 듣지 않는 것

**4** 무료로 뉴스를 알 수 있는데도 신문을 구독하는 것

13 ③ <u>불안을 느끼고 있다</u>라고 하는데, 내용으로서 알맞지 않은 것은 어느 것인가?

**1** 가짜 사이트

**2** 보이스 피싱

**3** 해킹

**4** 게재한 자료의 부정확함

14 이 글의 내용으로서 알맞지 않은 것은 어느 것인가?

**1** 인터넷의 사용 범위가 확대되고 있다.

**2** 입력 실수로 자료가 사라지는 일도 있다.

**3** 인터넷·컴퓨터는 확실히 편리하지만, 피로를 느낄 수도 있다.

**4** 대형 금융 사건을 막을 필요가 있다.

---

インターネット 인터넷ㅣおかげ 덕택, 덕분ㅣ便利だ 편리하다ㅣ国内 국내ㅣ〜はもちろん 〜은 물론ㅣ世界 세계 ㅣ動き 움직임, 동향ㅣ簡単に 간단히, 손쉽게ㅣ音楽 음악ㅣ聴く 듣다ㅣいろいろな 여러 가지, 다양한ㅣ資料 자료ㅣ 調べる 조사하다, 알아보다ㅣEメール 이메일ㅣ画像通信 화상 통신ㅣしかも 더군다나ㅣただ 공짜, 무료ㅣ文盲 문 맹ㅣパソコン音痴 컴맹ㅣ損する 손해를 보다ㅣ時代 시대ㅣパソコン 퍼스널 컴퓨터, PCㅣ機能 기능ㅣ日に日に 나 날이ㅣ向上する 향상되다ㅣ撮る (사진을) 찍다ㅣ写真 사진ㅣ自分で 스스로ㅣプリント 프린트, 현상ㅣ可能 가능ㅣ デジタルカメラ 디지털 카메라ㅣスマートフォン 스마트폰ㅣ好きなように 취향대로ㅣ手を加える 손을 가하다, 보정하다ㅣ部屋 방ㅣ最近 최근, 요즘ㅣよい事だらけのはずの 당연히 좋은 일만 있을ㅣ不安 불안ㅣ感じる 느끼다ㅣ オレオレ詐欺 보이스 피싱ㅣもともと 원래ㅣ電話 전화ㅣ金融 금융ㅣ詐欺 사기ㅣ偽のサイト 가짜 사이트ㅣ登場 등장ㅣ事件 사건ㅣ大型化する 대형화하다ㅣ名前 이름ㅣ載せる 싣다, 게재하다ㅣ信用 신용ㅣ間違う 잘못되다, 틀 리다ㅣ情報 정보ㅣ侵入する 침입하다ㅣ盗む 훔치다ㅣ壊す 망가뜨리다ㅣハッキング 해킹ㅣおそろしい 두렵다, 겁 나다ㅣ安全だ 안전하다ㅣ使用法 사용법ㅣ身につける 몸에 익히다ㅣ大変だ 힘들다, 큰일이다ㅣ作業 작업ㅣ入力ミ ス 입력 실수ㅣ何ヶ月も 몇 개월이나ㅣ苦労する 고생하다ㅣ消える 사라지다, 없어지다ㅣ意欲 의욕ㅣ失う 잃다ㅣか えって 오히려ㅣ疲れさせる 지치게 하다, 피곤하게 하다ㅣ文字 문자, 글자ㅣ電話をかける 전화를 걸다ㅣ嘘 거짓, 거 짓말ㅣ知らせる 알리다ㅣお金を送る 돈을 보내다, 돈을 송금하다ㅣ行為 행위ㅣ実在する 실재하다ㅣアクセスする 접속하다ㅣ何でも 무엇이든ㅣ国内外 국내외ㅣニュース 뉴스ㅣ遠く 먼 곳, 멀리ㅣ無料 무료ㅣ払う 지불하다ㅣ新聞 신문ㅣ購読する 구독하다ㅣ不正確さ 부정확함ㅣ範囲 범위ㅣ拡大する 확대되다ㅣ疲れ 피로ㅣ防ぐ 막다, 방지하다

**문제 7**  다음 페이지는 '미혼 남녀의 결혼 의식 조사'의 앙케트 결과이다. 다음 글을 읽고, 아래의 질문에 답하시오. 답은 1·2·3·4에서 가장 알맞은 것을 하나 고르시오.

15  앙케트 결과로 알맞은 것은 어느 것인가?

**1**  28세까지 결혼하고 싶어 하는 사람은 여성이 많다.

**2**  28세까지 결혼하고 싶어 하는 사람은 남성이 많다.

**3**  30세까지 결혼하고 싶어 하는 남성은 74%이다.

**4**  30세까지 결혼하고 싶어 하는 여성은 72%이다.

16  그래프의 내용으로 말할 수 있는 것은 무엇인가?

**1**  독신을 생각하고 있는 것은 여성이 적다는 것을 알 수 있다.

**2**  독신을 생각하고 있는 것은 여성이 많다는 것을 알 수 있다.

**3**  독신을 생각하고 있는 것은 남성이 많다는 것을 알 수 있다.

**4**  독신을 생각하고 있는 남녀의 %는 그다지 차이가 없다는 것을 알 수 있다.

---

　그래프 두 개는 올해 25세의 미혼 남녀, 각각 500명에게 결혼에 대한 의식에 관하여 실시한 앙케트 결과이다. 그래프 (1)은 남성, 그래프 (2)는 여성의 결과이다. A/a, B/b, C/c, D/d는 이하와 같다.

| | |
|---|---|
| A/a | 28세까지는 결혼하고 싶다 |
| B/b | 30세까지는 결혼하고 싶다 |
| C/c | 31세에서 33세 사이에 결혼하고 싶다 |
| D/d | 결혼할 생각은 없다 |

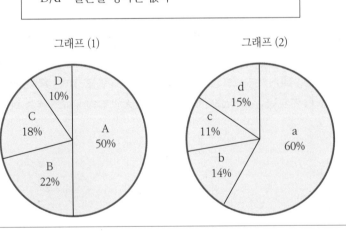

그래프 (1)　　　　　　　그래프 (2)

---

<ruby>未婚男女<rt>み こんだんじょ</rt></ruby> 미혼 남녀 | <ruby>結婚<rt>けっこん</rt></ruby> 결혼 | <ruby>意識<rt>い しき</rt></ruby> 의식 | <ruby>調査<rt>ちょう さ</rt></ruby> 조사 | アンケート 앙케트, 설문조사 | <ruby>結果<rt>けっ か</rt></ruby> 결과 | ～までに ～까지(는) | グラフ 그래프 | <ruby>独身<rt>どくしん</rt></ruby> 독신 | <ruby>男女<rt>だんじょ</rt></ruby> 남녀 | <ruby>変<rt>か</rt></ruby>わる 바뀌다 | それぞれ 각각 | <ruby>以下<rt>い か</rt></ruby>のとおり 이하와 같음 | <ruby>間<rt>あいだ</rt></ruby> 사이 | つもり 생각, 작정